出版说明

罗康隆

少数民族文化是中华民族宝贵的文化遗产，是中华文化的重要组成部分，是各民族在几千年历史发展进程中创造的重要文明成果，具有丰富的内涵。搜集、整理、出版少数民族文化丛书，不仅可以为学术研究提供真实可靠的文献资料，同时对继承和发扬各民族的优秀传统文化，振奋民族精神，增强民族团结，促进各民族的发展繁荣，意义深远。随着全球化趋势的加强和现代化进程的加快，我国的文化生态发生了巨大变化，非物质文化遗产受到越来越大的冲击。一些文化遗产正在不断消失，许多传统技艺濒临消亡，大量有历史文化价值的珍贵实物与资料遭到毁弃或流失境外。加强我国非物质文化遗产的保护已经刻不容缓。

苗族是中华民族大家庭中较古老的民族之一，是一个历史悠久且文化内涵独特的民族，也是一个久经磨难的民族。纵观其发展历史，是一个不断迁徙与适应新环境的历史发展过程，也是一个不断改变旧生活环境、适应新生活环境的发展历程。迁徙与适应是苗族命运的历史发展主线，也是造就苗族独特传统文化与坚韧民族精神的起源。由于苗族没有自己独立的文字，其千百年来的历史和精神都是通过苗族文化得以代代相传的。苗族传统文化在其发展的过程中经历的巨大的历史社会变迁，在一定程度上影响了苗族传统文化原生态保存，这也就使对苗族传统文化的抢救成了一个迫切问题。在实际情况中，其文化特色也是十分丰富生动的。一方面，苗族人民的口头文学是极其发达的，比如内容繁多的传说与民族古歌，是苗族人民世世代代的生存、奋斗、探索的总结，更是苗族人民生活的百科全书。苗族的大量民间传说也是苗族民间文学的重要组成部分，它所蕴含的理论价值体系是深深植入苗族社会的生产、生活中的。另一方面，苗族文化中的象形符号文化也是极其发达的，这些符号成功地传递了苗族文化的信息，从而形成了苗族文化体系的又一特点。苗族人民的生活实践也是苗族传统文化产生的又一来源，形成了一整套的文化生成与执行系统，使苗族人民的文化认同感和族群意识凸显。传统文化存在的意义是一种文化多元性与文化生态多样性的有机结合，对苗族文化的保护，首先就要涉及对苗族民间传统文化的保护。

《湘西苗族民间传统文化丛书》立足苗族东部方言区，从该方言区苗族民间传统文化的原生性出发，聚焦该方言区苗族的独特文化符号，忠实地记录了该方言区苗族的文化事实，着力呈现该方言区苗族的生态、生计与生命形态，揭示出该方言区苗族的生态空间、生产空间、生活空间与苗族文化的相互作用关系。

本套丛书的出版将会对湘西苗族民间传统文化艺术的抢救和保护工作提供指导，也会为民间传统文化艺术的学术理论研究提供有益的帮助，促进民间艺术传习进入学术体系，朝着高等研究体系群整合研究方向发展；其出版将会成为铸牢中华民族共同体意识的文化互鉴素材，成为我国乡村振兴在湘西地区落实的文化素材，成为人类学、民族学、社会学、民俗学等学科在湘西地区的研究素材，成为我国非物质文化遗产——苗族巴代文化遗产保护的宝库。

（作者系吉首大学历史与文化学院院长、湖南省苗学学会第四届会长）

总　序

刘昌刚

　　苗族是一个古老的民族，也是一个世界性的民族。据 2010 年第六次全国人口普查统计，我国苗族有 940 余万人，主要分布在贵州、湖南、云南、四川、广西、湖北、重庆、海南等省市区。国外苗族约有 300 万人，主要分布于越南、老挝、泰国、缅甸、美国、法国、澳大利亚等国家。

一

　　《苗族通史》导论记载：苗族，自古以来，无论是在文臣武将、史官学子的奏章、军录和史、志、考中，还是在游侠商贾、墨客骚人的纪行、见闻和辞、赋、诗里，都被当成一个神秘的"族群"，或贬或褒。在中国历史的悠悠长河中，苗族似一江春水时涨时落，如梦幻仙境时隐时现。整个苗疆，就像一本无字文书，天机不泄。在苗族人生活的大花园中，有着宛如仙境的武陵山、缙云山、梵净山、织金洞、九龙洞以及花果山水帘洞似的黄果树大瀑布等天工杰作；在苗族的民间故事里，有着极古老的蝴蝶妈妈、枫树娘娘、竹简兄弟、花莲姐妹等类似阿凡提的美丽传说；在苗族的族群里，嫡传着槃瓠（即盘瓠）后世、三苗五族、夜郎子民、楚国臣工；在苗族的习尚中，保留着八卦占卜、易经卜算、古傩祭祀、老君法令和至今仍盛行着的苗父医方、道陵巫术、三峰苗拳……在这个盛产文化精英的民族中，走出了蓝玉、沐英、王宪章等声震全国的名将，还诞生了熊希龄、滕代远、沈从文等教育家、政治家、文学家。闻一多在《伏羲考》一文中认为"延维"或"委蛇"指伏羲，是南方苗之神。远古时期居住在东南方的人统称为"夷"，伏羲是古代夷部落的大首领。苗族人民中确实流传着伏羲和女娲的传说，清初陆次云的《峒溪纤志》载："苗人腊祭曰报草。祭用巫，设女娲、伏羲位。"历史学家芮逸夫在《人类学集刊》上发表的《苗族洪水故事与伏羲、女娲的传说》中说："现代的人类学者经过实地考察，才得到这是苗族传说。据此，苗族全出于伏羲、女娲。他们本为兄妹，遭遇洪水，人烟断绝，仅此二人存。他们在盘古的撮合下，结为夫妇，绵延人类。"闻一多还写过《东皇太一考》，经他考证，苗族里的伏羲就是《九歌》里的东皇太一。

《中国通史》（范文澜著，人民出版社 1978 年版第 1 册第 19 页）载："黄帝族与炎帝族，又与夷族、黎族、苗族的一部分逐渐融合，形成春秋时期称为华族、汉以后称为汉族的初步基础。"远古时代就居住在中国南方的苗、黎、瑶等族，都有传说和神话，可是很少见于记载。一般说来，南方各族中的神话人物是"槃瓠"。三国时徐整作《三五历纪》吸收"槃瓠"入汉族神话，"槃瓠"衍变成开天辟地的盘古氏。

在历史上，苗族为了实现民族平等，屡战屡败，但又屡败屡战，从不屈服。苗族有着悠久、灿烂的文化，为中华文化的形成和发展做出了巨大贡献，在不同的历史阶段，涌现出了许多可歌可泣的英雄人物。

苗族不愧为中华民族中的一个伟大民族。苗族文化是苗族几千年的历史积淀，其丰厚的文化底蕴成就了今天这部灿烂辉煌的历史巨著。苗族是一个灾难深重的民族，又是一个勤劳、善良、富有开拓性与创造性的伟大民族，还是一个世界性的民族，不断开拓和创造着新的历史文化。

历史上公认的是，九黎之苗时期的五大发明是苗族对中国文化的原创性贡献。盛襄子在其《湖南苗史述略·三苗考》中论述道："此族（苗族）为中国之古土著民族，曾建国曰三苗。对于中国文化之贡献约有五端：发明农业，奠定中国基础，一也；神道设教，维系中国人心，二也；观察星象，开辟文化园地，三也；制作兵器，汉人用以征伐，四也；订定刑罚，以辅先王礼制，五也。"

苗族历史可以分为五个时期：先民聚落期（原始社会时期）、拓土立国期（九黎时期至公元前 223 年楚国灭亡）、苗疆分理期（公元前 223 年楚国灭亡至 1873 年咸同起义失败）、民主革命期（1873 年咸同起义失败到 1949 年中华人民共和国成立）、民族区域自治期（1949 年中华人民共和国成立至今）。相应地，苗族历史文化大致也可以分为五个时期，且各个时期具有不尽相同的文化特征：第一期以先民聚落期为界，巫山人进化成为现代智人，形成的是原始文化，即高庙文明初期；第二期以九黎、三苗、楚国为标志，属于苗族拓土立国期，形成的是以高庙文明为代表的灿烂辉煌的苗族原典文化；第三期是以苗文化为母本，充分吸收了诸夏文化，特别是儒学思想形成的高庙苗族文化；第四期是苗族历史上的民主革命期(1873年咸同起义失败到1949年中华人民共和国成立)，形成了以苗族文化为母本，吸收了集电学、光学、化学、哲学等基本内容的东土苗汉文化与西洋文化于一体的近现代苗族文化；第五期是苗族进入民族区域自治期(1949年中华人民共和国成立至今)，此期形成的是以苗族文化为母本，进一步融合传统文化、西方文化、当代中国先进文化的当代苗族文化。

二

苗族是我国一个古老的人口众多的民族，又是一个世界性的民族。她以其悠久的历史和深厚的文化而著称于世，传承着历史文化、民族精神。由田兵主编的《苗族古歌》，马学良、今旦译注的《苗族史诗》，龙炳文、龙秀祥等整理译注的《古老话》，是苗族古代的编年史和苗族百科全书，也是苗族最主要的哲学文献。

距今7800—5300年的高庙文明所包含的不仅是一个高庙文化遗址，其同类文化还遍布亚洲大陆。其中期虽在建筑、文学和科技等方面不及苏美尔文明辉煌，却比苏美尔文明早2300年，初期文明程度更高，后期又不像苏美尔文明那样中断，是世界上一直绵延不断、发展至今，并最终创造出辉煌华夏文明的人类文明。在高庙文化区域的湖南省常德市安乡县汤家岗遗址出土有蚩尤出生档案记录盘。

苗族人民口耳相传的苗族古歌记载了祖先蝴蝶妈妈及蚩尤的出生：蝴蝶妈妈是从枫木心中变出来的。蝴蝶妈妈一生下来就要吃鱼，鱼在哪里？鱼在继尾池。继尾古塘里，鱼儿多着呢！草帽般大的瓢虫，仓柱般粗的泥鳅，穿枋般大的鲤鱼。这里的鱼给她吃，她好喜欢。一次和水上的泡沫"游方"恋爱而怀孕后生下了12个蛋。后经鹡宇鸟(有的也写成鸡宇鸟)悉心孵养，12年后，生出了雷公、龙、虎、蛇、牛和苗族的祖先姜央(一说是龙、虎、水牛、蛇、蜈蚣、雷和姜央)等12个兄弟。

《山海经·卷十五·大荒南经》中也记载了蚩尤与枫树以及蝴蝶妈妈的不解之缘："有宋山者，有赤蛇，名曰育蛇。有木生山上，名曰枫木。枫木，蚩尤所弃其桎梏，是为枫木。有人方齿虎尾，名曰祖状之尸。"姜央是苗族祖先，蝴蝶妈妈自然是苗族始祖了。

澳大利亚人类学家格迪斯说过："世界上有两个苦难深重而又顽强不屈的民族，他们就是中国的苗族和分散在世界各地的犹太民族。"诚如所言，苗族是一个灾难深重而又自强不息的民族。唯其灾难深重，才能在磨砺中锤炼筋骨，迸发出民族自强不屈的魂灵，撰写出民族文化的鸿篇巨制。近年来，随着国家民族政策的逐步完善，对寄寓在民族学大范畴下的民族历史文化研究逐步深入，苗族作为我国少数民族百花园中的重要一支，其历史足迹与文化遗址逐渐为世人所知。

　　苗族口耳相传的古歌记载，苗族祖先曾经以树叶为衣、以岩洞或树巢为家、以女性为首领。从当前一些苗族地区的亲属称谓制度中，也可以看出苗族从母权制到父权制、从血缘婚到对偶婚的演变痕迹。诸如此类的种种佐证材料，无不证明着苗族的悠远历史。苗族祖先凭借优越的地理条件，辛勤开拓，先后发明了冶金术和刑罚。他们团结征伐，雄踞东方，强大的部落联盟在史书上被冠以"九黎"之称。苗族历史上闪耀夺目的九黎部落首领是战神蚩尤，他依靠坚甲利兵，纵横南北，威震天下。但是，蚩尤与同时代的炎黄部落逐鹿中原时战败，从此开启了漫长的迁徙逆旅。

　　总体来看，苗族的迁徙经历了从南到北、从北到南、从东到西、从大江大河到小江小河，乃至栖居于深山老林的迁徙轨迹。5000 年前，战败的蚩尤部落大部分南渡黄河，聚集江淮，留下先祖渡"浑水河"的传说。这一支经过休养生息的苗族先人汇聚江淮，披荆斩棘，很快就一扫先祖战败的屈辱和阴霾，组建了强大的三苗集团。然而，历史的车轮总是周而复始的，他们最终还是不敌中原部落的左右夹攻，他们中的一部分到达西北并随即南下，进入川、滇、黔边区。三苗主干则被流放崇山，进入鄱阳湖、洞庭湖腹地，秦汉以来不属王化的南蛮主支蔚然成势。夏商春秋战国乃至秦汉以后的历代正史典籍，充斥着云、贵、湘地南蛮不服王化的"斑斑劣迹"。这群发端于蚩尤的苗族后裔，作为中国少数民族的重要代表，深入武陵山脉心脏，抱团行进，男耕女织，互为凭借，势力强大，他们被封建统治阶级称为"武陵蛮"。据史料记载，东汉以来对武陵蛮的刀兵相加不可胜数，双方各有死伤。自晋至明，苗族在湖北、河南、陕西、云南、江西、湖南、广西、贵州等地辗转往复，与封建统治者进行了长期艰苦卓绝的不屈斗争。清朝及民国，苗族驻扎在云南的一支因战火而大量迁徙至滇西边境和东南亚诸国，进而散发至欧洲、北美、澳大利亚。

　　苗族遂成为一个世界性的民族！

三

苗族同胞在与封建统治者长期的争夺征战中，不断被压缩生存空间，又不断拓展生存空间，从而形成了其民族极为独特的迁徙文化现象。苗族历史上没有文字，却保存有大量的神话传说，他们有感于迁徙繁衍途中的沧桑征程，对天地宇宙产生了原始朴素的哲理认知。每迁徙一地，他们都结合当地实际，丰富、完善本民族文化内涵，从而形成了一系列以"蝴蝶""盘瓠""水牛""枫树"为表象的原始图腾文化。苗族虽然没有文字，却有丰富的口传文化。这些口传文化经后人整理，散见于贵州、湖南等地流传的《苗族古歌》《古老话》《苗族史诗》等典籍，它们承载着苗族后人对祖先口耳相传的族源、英雄、历史、文化的再现使命。

苗族迁徙的历程是艰辛、苦难的，迁徙途中的光怪陆离却是迷人的。他们善于从迁徙途中寻求生命意义，又从苦难中构建人伦规范，他们赋予迁徙以非同一般的意义。他们充分利用身体、语言、穿戴、图画、建筑等媒介，表达对天地宇宙的认识、对生命意义的理解、对人伦道德的阐述、对生活艺术的想象。于是，基于迁徙现象而产生的苗族文化便变得异常丰富。苗族将天地宇宙挑绣在服饰上，得出了天圆地方的朴素见解；将历史文化唱进歌声里，延续了民族文化一以贯之的坚韧品性；将跋涉足迹画在了岩壁上，应对苦难能始终奋勇不屈。其丰富的内涵、奇特的形式、隐忍的表达，成为这个民族独特的魅力，成为这个民族极具异禀的审美旨趣。从这个层面扩而大之，苗族的历史文化，便具备了一种神秘文化的潜在魅力与内涵支撑。苗族神秘文化最为典型的表现是巴代文化现象。从隐藏的文化内涵因子分析来看，巴代文化实则是苗族生存发展、生产生活、伦理道德、物质精神等文化现象的活态传承。

苗族丰富的民族传奇经历造就了其深厚的历史文化，但其不羁的民族精神又使得这个民族成为封建统治者征伐打压的对象。甚至可以说，一部封建史，就是一部苗族的压迫屈辱史。封建统治者压迫苗族同胞惯用的手段，一是征战屠杀，二是愚昧民众，历经千年演绎，苗族同胞之于本民族历史、祖先伟大事功，被慢慢忽略，甚至抹杀性遗忘。

一个伟大民族的悲哀莫过于此！

四

历经苦难,走向辉煌。中华人民共和国成立后,得益于党的民族政策,苗族与全国其他少数民族一样,依托民族区域自治法,组建了具有本民族特色的少数民族自治机构。千百年被压在社会底层的苗族同胞,翻身当家做主人,他们重新直面苗族的历史文化,系统挖掘、整理、提升本民族历史文化,切实找到了民族的历史价值和民族文化自信。贵州和湖南湘西武陵山区一带,自古就是封建统治阶级口中的"武陵蛮"的核心区域。这一块曾经被统治阶级视为不毛之地的蛮荒地区,如今得到了国家的高度重视,中央整合武陵山片区4省71个县市,实施了武陵山片区扶贫攻坚战略。作为国家区域大扶贫战略中的重要组成部分,武陵山区苗族同胞的脱贫发展牵动着党中央、国务院的心。武陵山区苗族同胞感恩党中央,激发内生动力,与党中央同频共振,掀起了一场轰轰烈烈的脱贫攻坚世纪大战。

苗族是湘西土家族苗族自治州两大主体民族之一,要推进湘西发展,当前基础性的工作就是要完成两大主体民族脱贫攻坚重点工作,自然,苗族承担历史使命责无旁贷。在这样的情境下,推进湘西发展、推进苗族聚集区同胞脱贫致富,就是要充分用好、用活苗族深厚的历史文化资源,以挖掘、提升民族文化资源品质,提升民族文化自信心;要全面整合苗族民族文化资源精华,去芜存菁,把文化资源转化为现实生产力,服务于湘西州经济社会的发展。

正是贯彻这样的理念,湘西土家族苗族自治州立足少数民族自治地区的民族资源特色禀赋,提出了生态立州、文化强州的发展理念,围绕生态牌、文化牌打出了"全域旅游示范区建设""国内外知名生态文化公园"系列组合拳,使得民族文化旅游业蓬勃发展,民族地区脱贫攻坚工作突飞猛进。在具体操作层面,州委、州政府提出了"以'土家探源''神秘苗乡'为载体、深入推进我州文化旅游产业发展"的口号,重点挖掘和研究红色文化、巫傩文化、苗疆文化、土司文化。基于此,州政协按照服务州委、州政府中心工作和民生热点难点的履职要求,组织相关专家学者,联合相关出版机构,在申报重点课题的基础上,深度挖掘苗族历史文化,按课题整理、出版苗族历史文化丛书。

人类具有社会属性,所以才会对神话故事、掌故、文物和文献进行著录和收传。以民族出版社出版、吴荣臻主编的五卷本《苗族通史》和贵州民族出版社出版的《苗族古歌》系列著作为标志,苗学研究进入了一个新的历史时期。

湘西土家族苗族自治州政协组织牵头的《湘西苗族民间传统文化丛书》记载了苗疆文化的主要内容，是苗族文化研究的重要成果。它不但整理译注了浩如烟海的有关苗疆的历史文献，出版了史料文献丛书，还记录整理了苗族人民口传心授的苗族古歌系列、巴代文化系列等珍贵资料，并展示了当代文化研究成果。

　　党的十八大以来，以习近平同志为核心的党中央，以"一带一路"倡议为抓手，不断推进人类命运共同体建设，以实现中华民族伟大复兴的中国梦为目标，不断推进道路自信、理论自信、制度自信和文化自信。没有包括苗族文化在内的各个少数民族文化的复兴，也不会有完全的中华民族伟大复兴。

　　因此，从苗族历史文化中探寻苗族原典文化，发现新智慧、拓展新路径，从而提升民族文化自信力，服务湘西生态文化公园建设，推进精准扶贫、精准脱贫，实现乡村振兴，进而实现湘西现代化建设目标，善莫大焉！

　　此为序！

2018 年 9 月 5 日

专家序一

掀起湘西苗族巴代文化的神秘面纱

汤建军

2017 年 9 月 7 日，根据中共湖南省委安排，我在中共湘西州委做了题为"砥砺奋进的五年"的形势报告。会后，在湘西州社科联谭必四主席的陪同下，考察了一直想去的花垣县双龙镇十八洞村。出于对民族文化的好奇，考察完十八洞村后，我根据中共湖南省委网信办在花垣县挂职锻炼的范东华同志的热诚推荐，专程拜访了苗族巴代文化奇人石寿贵老先生，参观其私家苗族巴代文化陈列基地。石寿贵先生何许人也？花垣县双龙镇洞冲村人。他是本家祖传苗师"巴代雄"第 32 代掌坛师、客师"巴代扎"第 11 代掌坛师、民间正一道第 18 代掌坛师。石老先生还是湘西州第一批"非物质文化遗产(以下简称'非遗')保护"名录"苗老司"代表性传承人、湖南省第四批"非遗"名录"苗族巴代"代表性传承人、吉首大学客座教授、中国民俗学会蚩尤文化研究基地蚩尤文化研究会副会长、巴代文化学会会长。他长期从事巴代文化、道坛丧葬文化、民间习俗礼仪文化等苗族文化的挖掘搜集、整编译注及研究传承工作。一直以来，他和家人，动用全家之财力、物力和人力，经过近 50 年的全身心投入，在本家积累 32 代祖传资料的基础上，又走访了贵州、四川、湖北、湖南、重庆等省市周边 20 多个县市有名望的巴代坛班，通过本家厚实的资料库加上广泛搜集得来的资料，目前已整编译注出 7 大类 76 本 2500 多万字及 4000 余幅仪式彩图的《巴代文化系列丛书》，且准备编入《湘西苗族民间传统文化丛书》进行出版。这 7 大类 76 本具体包括：第一类，基础篇 9 本；第二类，苗师科仪 20 本；第三类，客师科仪 10 本；第四类，道师科仪 5 本；第五类，侧记篇 4 本；第六类，苗族古歌 13 本；第七类，历代手抄本扫描 13 本。除了书稿资料以外，石寿贵先生还整理了 8000 多分钟的仪式影像、238 件套的巴代实物、1000 多分钟的仪式音乐、此前他人出版的有关苗族巴代民俗的藏书 200 余册以及包括一整套待出版的《湘西苗族民间传统文化丛书》在内的资料档案。此前，他还主笔出版了《苗族道场科仪汇编》《苗师通书诠释》《湘西苗族古老歌话》《湘西苗族巴代古歌》四本著作。其巴代文化研究基地已建立起巴代文化的 3 大仪式、2 大体系、8 大板块、37 种苗族文化数据库，成为全国乃至海内外苗族巴代文化资料最齐全系统、最翔实厚重、最丰富权威的亮点单位。"苗族巴代"在 2016 年 6 月入选第四批湖南省"非遗"保护名录。2018 年 6 月，石寿贵老先生获批为湖南省第四批"非遗"保护项目"苗族巴代"代表性传承人。

走进石寿贵先生的巴代文化挖掘搜集、整编译注、研究及陈列基地，这是一栋两层楼的陈列馆，没有住人，全部是用来作为巴代文化资料整编译注和陈列的。一楼有整编译注工作室和仪式影像投影室等；中堂为有关图片及字画陈列，文化气息扑面而来。二楼分别为巴代实物资料、文字资料陈列室和仪式腔调录音室及仪式影像资料制作室等，其中 32 个书柜全都装满了巴代书稿和实物，真可谓书山文海、千册万卷、博大精深、琳琅满目。

石老先生所收藏和陈列的巴代文化各种资料、物件和他本人的研究成果极大地震撼了我们一行人。我初步翻阅了石老先生提供的《湘西苗族巴代揭秘》一书初稿，感觉这些著述在中外学术界实属前所未闻、史无前例、绝无仅有。作者运用独特的理论体系资料、文字体系资料以及仪式符号体系资料等，全面揭露了湘西苗族巴代的奥秘。此书必将为研究苗族文化、苗族巴代文化学和中国民族学、民俗学、民族宗教学的学者，以及苗族地区摄影专家、民族文化爱好者提供线索、搭建平台与铺设道路。我当即与湘西州社科联谭必四主席商量，建议他协助和支持石老先生将《湘西苗族巴代揭秘》一书申报湖南省社科普及著作出版资助。经过专家的严格评选，该书终于获得了出版资助，在湖南教育出版社得到出版。因为这是一本在总体上全面客观、科学翔实、通俗形象地介绍苗族巴代及其文化的书，我相信此书一定会成为广大读者喜闻喜阅、喜欣喜爱的书，一定能给苗族历代祖先以慰藉，一定能更好地传播苗族文化精华，一定能深入弘扬中华民族优秀传统文化。

2017年12月6日，我应邀在中南大学出版社宣讲党的十九大精神时，结合如何策划选题，重点推介了石寿贵先生的苗族巴代文化系列研究成果，希望中南大学出版社在前期积累的基础上，放大市场眼光，挖掘具有民族特色的文化遗产，积极扶持石老先生巴代文化成果的出版。这个建议得到了吴湘华社长及其专业策划团队的高度重视。2018年1月30日，国家出版基金资助项目公示，由中南大学出版社挖掘和策划的石寿贵编著的《巴代文化系列丛书》中的10本作为第一批《湘西苗族民间传统文化丛书》入选。该丛书以苗族巴代原生态的仪式脚本(包括仪式结构、仪式程序、仪式形态、仪式内容、仪式音乐、仪式气氛、仪式因果等)记录为主要内容，原原本本地记录了苗师科仪、客师科仪、道师绕棺戏科仪以及苗族古歌、巴代历代手抄本扫描等脚本资料，建立起了科仪的文字记录、图片静态记录、影像动态记录、历代手抄本文献记录、道具法器实物记录等资料数据库，是目前湘西苗族地区种类较为齐全、内容翔实、实物彩图丰富生动的原生态民间传统资料，充分体现了苗族博大精深的文化内涵和艺术价值，对今后全方位、多视角、深层次研究苗族历史文化有着极其重要的价值和深远的意义。

从《湘西苗族民间传统文化丛书》中所介绍的内容来看，可以说，到目前为止，这套丛书是有关领域中内容最系统翔实、最丰富完整、最难能可贵的资料了。此套书籍如此广泛深入、全面系统、尽数囊括，实为古今中外之罕见，堪称绝无仅有、弥足珍贵，也是有史以来对苗族巴代文化的全面归纳和科学总结。我想，这既是石老先生和家人以及社会各界对苗族文化的热爱、执着、拼搏、奋斗、支持、帮助的结果，也体现出了石寿贵老先生对苗族文化所做出的巨大贡献。这套丛书将成为苗族传统文化保护传承、研究弘扬的新起点和里程碑。用学术化的语言来说，这300余种巴代科仪就是历代以来的巴代所主持的苗族祭祀仪式、习俗仪式以及各种社会活动仪式的具体内容。但仪式所表露出来的仅仅只是表面形式而已，更重要的是包含在仪式里面的文化因子与精神特质。关于这一点，石寿贵老先生在丛书中也剖析得相当清晰，他认为巴代文化的形成是苗族文化因子的作用所致。他认为：世界上所有的民族和教派都有不同于其他民族的文化因子，比如佛家的因果轮回、慈善涅槃、佛国净土，道家的五行生克、长生久视、清净无为，儒家的忠孝仁义、三纲五常、齐家治国，以及纳西族的"东巴"、羌族的"释比"、满族的"萨满"、土家族的"梯玛"等，无不都是严格区别于其他民族或教派的独特文化因子。由某个民族文化因子所产生出来的文化信念，在内形成了该民族的观念、性格、素质、气节和精神，在外则形成了该民族的风格、习俗、形象、身份和标志。通过内外因素的共同作用，形成支撑该民族生生不息、发展壮大、繁荣富强的不竭动力。苗族巴代文化的核心理念是人类的"自我不灭"真性，在这一文化因子的影响下，形成了"自我崇拜"或"崇拜自我、维护自我、服务自我"的人类生存哲学体系。这种理论和实践体现在苗师"巴代雄"祭祀仪式的方方面面，比如上供时所说的"我吃你吃，我喝你喝"。说过之后，还得将供品一滴不漏地吃进口中，意思为我吃就是我的祖先吃，我喝就是我的祖先喝，我就是我的祖先，我的祖先就是我，祖先虽亡，但他的血液在我的身上流淌，他的基因附在我的身上，祖先的化身就是当下的我，并且一直延续到永远，这种自我真性没有被泯灭掉。同时，苗师"巴代雄"所祭祀的对象既不是木偶，也不是神像，更不是牌位，而是活人，是舅爷或德高望重的活人。这种祭祀不同于汉文化中的灵魂崇拜、鬼神崇拜或自然崇拜，而是实实在在的、活生生的自我崇拜。这就是巴代传承古代苗族主流文化(因子)的内在实质和具体内容。无怪乎如来佛祖降生时一手指天，一手指地，所说的第一句话就是："天上地下，唯我独尊。"佛祖所说的这个"我"，指的绝非本人，而是宇宙间、世界上的真性自我。

石老先生认为，从生物学的角度来说，世界上一切有生命的动植物的活动都是维护自我生存的活动，维护自我毋庸置疑。从人类学的角度来说，人类的真性自我不生不灭，世间人类自身的一切活动都是围绕有利于自我生存和发展这个主旨来开展的，背离了这个主旨的一切活动都是没有任何价值和意义的活动。从社会科学的角度来说，人类社会所有的科普项目、科学文化，都是从有利于人类自我生存和发展这个主题来展开的，如果离开了这条主线，科普也就没有了任何价值和意义。从人类生存哲学的角度来说，其主要的逻辑范畴，也是紧紧地把握人类这个大的自我群体的生存和发展目标去立论拓展的，自我生存成为最大的逻辑范畴；从民族学的角度来说，每个要维护自己生生不息、发展壮大的民族，都要有自己强势优越、高超独特、先进优秀的文化来作为支撑，而要得到这种文化支撑的主体便是这个民族大的自我。

石老先生还说，从维护小的生命、个体的小自我到维护大的人类、群体的大自我，是生物世界始终都绕不开的总话题。因而，自我不灭、自我崇拜或崇拜自我、服务自我、维护自我，在历史上早就成为巴代文化的核心理念。正是苗师"巴代雄"所奉行的这个"自我不灭论"宗旨教义，所行持的"自我崇拜"的教条教法，涵盖了极具广泛意义的人类学、民族学以及哲学文化领域中的人类求生存发展、求幸福美好的理想追求。也正是这种自我真性崇拜的文化因子，才形成了我们的民族文化自信，锻造了民族的灵魂素质，成就了民族的精神气节，才能坚定民族自生自存、自立自强的信念意识，产生出民族生生不息、发展壮大的永生力量。这就充分说明，苗族的巴代文化，既不是信鬼信神的巫鬼文化，也不是重巫尚鬼的巫傩文化，而是从基因实质的文化信念到灵魂素质、意识气魄的锻造殿堂，是彻头彻尾的精神文化，这就是巴代文化和巫鬼文化、巫傩文化的本质区别所在。

乡土的草根文化是民族传统文化体系的基因库，只要正向、确切、适宜地打开这个基因库，我们就能找到民族的根和魂，感触到民族文化的神和命。巴代作为古代苗族主流文化的传承者，作为一个族群社会民众的集体意识，作为支撑古代苗族生存发展、生生不息的强大的精神支柱和崇高的文化图腾，作为苗族发展史、文明史曾经的符号，作为中华民族文化大一统中的亮丽一簇，很少被较为全面系统、正向正位地披露过。

巴代是古代苗族祭祀仪式、习俗仪式、各种社会活动仪式这三大仪式的主持者，更是苗族主流文化的传承者。因为苗族在历史上频繁迁徙、没有文字、不属王化、封闭保守等因素，再加上历史条件的限制与束缚，为了民族的生存和发展，苗族先人机灵地以巴代所主持的三大仪式为本民族的显性文化表象，来传承苗族文化的原生基因、本根元素等这些只可意会、不可言传的隐性文化实质。又因这三大仪式的主持者叫巴代，故其所传承、主导、影响的苗族主流文化又被称为巴代文化，巴代也就自然而然地成为聚集古代苗族的哲学家、法学家、思想家、社会活动家、心理学家、医学家、史学家、语言学家、文学家、理论家、艺术家、易学家、曲艺家、音乐家、舞蹈家、农业学家等诸大家之精华于一身的上层文化人，自古以来就一直受到苗族人民的信任、崇敬和尊重。

巴代文化简单说来就是3大仪式、2大体系、8大板块和37种文化。其包括了苗族生存发展、生产生活、伦理道德、物质精神等从里到表、方方面面、各个领域的文化。巴代文化必定成为有效地记录与传承苗族文化的载体、百科全书以及活态化石，必定成为带领苗族人民从远古一直走到今天的精神支柱和家园，必定成为苗族文化的根、魂、神、质、形、命的基因实质，必定成为具有苗族代表性的文化符号与文化品牌，必定成为苗族优秀的传统文化、神秘湘西的基本要素。

石老先生委托我为他的丛书写篇序言，因为我的专业不是民族学研究，不能从专业角度给予中肯评价，为读者做好向导，所以我很为难，但又不好拒绝石老先生。工作之余，我花了很多时间认真学习他的相关著述，总感觉高手在民间，这些文字是历代苗族文化精华之沉淀，文字之中透着苗族人的独特智慧，浸润着石老先生及历代巴代们的心血智慧，更体现出了石老先生及其家人一生为传承苗族文化所承载的常人难以想象的艰辛、曲折、困苦、执着和担当。

这次参观虽然不到 2 个小时，却发现了苗族巴代文化的正宗传人。遇见石老先生，我感觉自己十分幸运，亦深感自己有责任、有义务为湘西苗族巴代文化及其传人积极推荐，努力让深藏民间的优秀民族文化遗产能够公开出版。石老先生的心愿已了，感恩与我们一样有这种情结的评审专家和出版单位对《湘西苗族民间传统文化丛书》的厚爱和支持。我相信，大家努力促成这些书籍公开出版，必将揭开湘西苗族巴代文化的神秘面纱，必将开启苗族巴代文化保护传承、研究弘扬、推介宣传的热潮，也必将引发湘西苗族巴代文化旅游的高潮。

略表数言，抛砖引玉，是为序。

（作者系湖南省社会科学院党组成员、副院长，湖南省省情研究会会长、研究员）

专家序二

罗康隆

　　我来湘西 20 年，不论是在学校，还是在村落，听得最多的当地苗语就是"巴代"(分"巴代雄"与"巴代扎")。起初，我也不懂巴代的系统内涵，只知道巴代是湘西苗族的"祭师"，但经过 20 年来循序渐进的认识与理解，我深知，湘西苗族的"巴代"，并非用"祭师"一词就可以简单替代。

　　说实在的，我是通过《湘西苗族调查报告》和《湘西苗族实地调查报告》这两本书来了解湘西的巴代文化的。1933 年 5 月，国立中央研究院的凌纯声、芮逸夫来湘西苗区调查，三个月后凌纯声、芮逸夫离开湘西，形成了《湘西苗族调查报告》(2003 年 12 月由民族出版社出版)。该书聚焦于对湘西苗族文化的展示，通过实地摄影、图画素描、民间文物搜集，甚至影片拍摄，加上文字资料的说明等，再现了当时湘西苗族社会文化的真实图景，其中包含了不少关于湘西苗族巴代的资料。

　　当时，湘西乾州人石启贵担任该调查组的顾问，协助凌纯声、芮逸夫在苗区展开调查。凌纯声、芮逸夫离开湘西时邀请石启贵代为继续调查，并请国立中央研究院聘石启贵为湘西苗族补充调查员，从此，石启贵正式走上了苗族研究工作的道路。经过多年的走访调查，石启贵于 1940 年完成了《湘西苗族实地调查报告》(2008 年由湖南人民出版社出版)。在该书第十章"宗教信仰"中，他用了 11 节篇幅来介绍湘西苗族的民间信仰。2009 年由中央民族大学"985 工程"中国少数民族非物质文化研究与保护中心与台湾研究院历史语言研究所联合整理，在民族出版社出版了《民国时期湘西苗族调查实录(1~8 卷)》(套装全 10 册)，包括习俗卷、椎猪卷、文学卷、接龙卷、祭日月神卷、祭祀神辞汉译卷、还傩愿卷、椎牛卷(上)、椎牛卷(中)、椎牛卷(下)。

由是，人们对湘西苗族"巴代"有了更加系统的了解。

我作为苗族的一员，虽然不说苗语了，但对苗族文化仍然充满着热情与期待。在我主持学校民族学学科建设之初，就将苗族文化列为重点调查与研究领域，利用课余时间行走在湘西的腊尔山区苗族地区，对苗族文化展开调查，主编了《五溪文化研究》丛书和《文化与田野》人类学图文系列丛书。在此期间结识了不少巴代，其中就有花垣县董马库的石寿贵。此后，我几次到石寿贵家中拜访，得知他不仅从事巴代活动，而且还长期整理湘西苗族的巴代资料，对湘西苗族巴代有着系统的了解和较深的理解。

我被石寿贵收集巴代资料的精神所感动，决定在民族学学科建设中与他建立学术合作关系，首先给他配备了一台台式电脑和一台摄像机，可以用来改变以往纯手写的不便，更可以将巴代的活动以图片与影视的方式记录下来。此后，我也多次邀请他到吉首大学进行学术交流。在台湾"中央研究院"康豹教授主持的"深耕计划"中，石寿贵更是积极主动，多次对他所理解的"巴代"进行阐释。他认为湘西苗族的巴代是一种文化，巴代是古代苗族祭祀仪式、习俗仪式、各种社会活动仪式这三大仪式的主持者，是苗族文化的传承载体之一，是湘西苗族"百科全书"的构造者。

巴代文化成为苗族文化的根、魂、神、质、形、命的基因实质。这部《湘西苗族民间传统文化丛书》含 7 大类 76 本 2500 多万字及 4000 余幅仪式彩图，还有 8000 多分钟仪式影像、238 件套巴代实物、1000 多分钟仪式音乐等，形成了巴代文化资料数据库。这些资料弥足珍贵，以苗族巴代仪式结构、仪式程序、仪式形态、仪式内容、仪式音乐、仪式气氛、仪式因果为主要内容进行记录。这是作者在本家 32 代祖传所积累丰厚资料的基础上，通过近 50 年对贵州、四川、湖南、湖北、重庆等省市周边有名望的巴代坛班走访交流，行程达 10 万多公里，耗资 40 余万元，竭尽全家之精力、人力、财力、物力，对巴代文化资料进行挖掘、搜集与整理所形成的资料汇编。

这些资料的样本存于吉首大学历史与文化学院民间文献室，我安排人员对这批资料进行了扫描，准备在 2015 年整理出版，并召开过几次有关出版事宜的会议，但由于种种原因未能出版。今天，它将由中南大学出版社申请到的国家出版基金资助出版，也算是了结了我多年来的一个心愿，这是苗族文化史上的一件大好事。这将促进苗族传统文化的保护，极大地促进民族精神的传承和发扬，有助于加强、保护与弘扬传统文化，对落实党和国家加强文化大发展战略有着特殊的使命与价值。

（作者系吉首大学历史与文化学院院长、湖南省苗学学会第四届会长）

概 述

　　《湘西苗族民间传统文化丛书》以苗族巴代原生态的仪式脚本(包括仪式结构、仪式程序、仪式形态、仪式内容、仪式音乐、仪式气氛、仪式因果等)记录为主要内容,原原本本地记录了苗师科仪、客师科仪、道师绕棺戏科仪以及苗族古歌、巴代历代手抄本扫描等脚本资料,建立起了科仪文字记录、图片静态记录、影像动态记录、历代手抄本文献记录、道具法器实物记录等资料数据库,为抢救、保护、传承、研究这些濒临灭绝的苗族传统文化打牢了基础,搭建了平台,提供了必需的条件。

　　巴代是古代苗族祭祀仪式、习俗仪式、各种社会活动仪式这三大仪式的主持者,也是苗族主流文化的传承载体之一。古代苗族在涿鹿之战后因为频繁迁徙、分散各地、没有文字、不属王化、封闭保守等因素,形成了具有显性文化表象和隐性文化实质这二元文化的特殊架构。基于历史条件的限制与束缚,为了民族的生存和发展,苗族先人机灵地以巴代所主持的三大仪式为本民族的显性文化表象,来传承苗族文化的原生基因、本根元素等这些只可意会、不可言传的隐性文化实质。因为三大仪式的主持者叫巴代,故其所传承、主导、影响的苗族主流文化又被称为巴代文化,巴代也就自然而然地成为聚集古代苗族的哲学家、史学家、宗教家等诸大家之精华于一身的上层文化人,自古以来就一直受到苗族人民的信任、崇敬和尊重。

　　巴代文化简单说来就是3大仪式、2大体系、8大板块和37种文化。其包括了苗族生存发展、生产生活、伦理道德、物质精神等从里到表、方方面面、各个领域的文化。巴代文化必定成为有效地记录与传承苗族文化的载体、百科全书以及活态化石，必定成为带领苗族人民从远古一直走到今天的精神支柱和家园，必定成为苗族文化的根、魂、神、质、形、命的基因实质，必定成为具有苗族代表性的文化符号与文化品牌，必定成为苗族优秀的传统文化之一、神秘湘西的基本要素。

苗族的巴代文化与纳西族的东巴文化、羌族的释比文化、满族的萨满文化、汉族的儒家文化、藏族的甘珠尔等一样，是中华文明五千年的文化成分和民族文化大花园中的亮丽一簇，是苗族文化的本源井和柱标石。巴代文化的定位是苗族文化的全面归纳、科学总结与文明升华。

近代以来，由于种种原因，巴代文化濒临灭绝。为了抢救这种苗族传统文化，笔者在本家 32 代祖传所积累丰厚资料的基础上，又通过近 50 年以来对贵州、四川、湖南、湖北、重庆等省市周边有名望的巴代坛班走访交流，行程 10 多万公里，耗资 40 余万元，竭尽全家之精力、人力、财力、物力，全身心投入巴代文化资料的挖掘、搜集、整编译注、保护传承工作中，到目前已形成了 7 大类 76 本 2500 多万字及 4000 余幅仪式彩图的《湘西苗族民间传统文化丛书》（以下简称《丛书》），整理了 8000 多分钟的仪式影像、238 件套的巴代实物、1000 多分钟的仪式音乐等巴代文化资料数据库。该《丛书》已成为当今海内外唯一的苗族巴代文化资源库。

7 大类 76 本 2500 多万字及 4000 余幅仪式彩图的《丛书》在学术界也称得上是鸿篇巨制了。为了使读者能够在大体上了解这套《丛书》的基本内容，在此以概述的形式来逐集进行简介是很有必要的。

这套洋洋大观的《丛书》，是一个严谨而完整的不可分割的体系，按内容属性可分为 7 大类型。因整套《丛书》的出版分批进行，在出版过程中根据实际情况对《丛书》结构做了适当调整，调整后的内容具体如下：

第一类：基础篇。分别为：《许愿标志》《手诀》《巴代法水》《巴代道具法器》《文疏表章》《纸扎纸剪》《巴代音乐》《巴代仪式图片汇编》《湘西苗族民间传统文化丛书通读本》等。

第二类：苗师科仪。分别为：《接龙》（第一、二册），《汉译苗师通鉴》（第一、二、三册），《苗师通鉴》（第一、二、三、四、五、六、七、八册），《苗师"不青"敬日月车祖神科仪》（第一、二、三册），《敬家祖》，《敬雷神》，《吃猪》，《土昂找新亡》。

第三类：客师科仪。分别为：《客师科仪》(第一、二、三、四、五、六、七、八、九、十册)。

第四类：道师科仪。分别为：《道师科仪》(第一、二、三、四、五册)。

第五类：侧记篇之守护者。

第六类：苗族古歌。分别为：《古杂歌》,《古礼歌》,《古阴歌》,《古灰歌》,《古仪歌》,《古玩歌》,《古堂歌》,《古红歌》,《古蓝歌》,《古白歌》,《古人歌》,《汉译苗族古歌》(第一、二册)。

第七类：历代手抄本扫描。

本套《丛书》的出版将为抢救、保护、传承、研究这些濒临灭绝的苗族传统文化打牢基础、搭建平台和提供必需的条件；为研究苗族文化，特别是研究苗族巴代文化学、民族学、民俗学、民族宗教学等，以及这些学科的完善和建设做出贡献；为研究、关注苗族文化的专家学者以及来苗族地区的摄影者提供线索与方便。《丛书》的出版，将有力地填补苗族巴代文化学领域里的空缺和促进苗族传统文明、文化体系的完整，使苗族巴代文化成为中华民族文化大花园中的亮丽一簇。

石寿贵
2020 年秋于中国苗族巴代文化研究中心

前　言

　　苗族巴代所主持的祭祀仪式、习俗仪式以及各种社会活动仪式活动，用巴代的术语称之为"演教"，即用特别的语言、特别的行为、特别的场景、特别的方式来宣扬、表演、展示及传承其教规、教义、教化(文化)和教法，简称为"演教"。

　　演教的形式除了讲、说、白、道、吟、诵、申、唱等之外，还必须有伴奏配乐、器材、装饰以及场景的设置、环境处理等相关的器具与设施，这就是行话所说的道具法器了。

　　巴代的道具法器分为苗师"巴代雄"道具法器与客师"巴代扎"道具法器两种。此册介绍的既有客师"巴代扎"所用的法器道具，也有苗师"巴代雄"所用的法器道具。

　　客师"巴代扎"是在古代苗汉杂居促进文化交融之后的产物，属于多神教、杂神教，故有"三十六堂神、七十二庙鬼"的做法与说法，在祭祀中全用汉语，并且大部分都是在动态中进行。因为其是在苗族迁徙定居(苗汉杂居促进文化交融以后)后才形成的产物，讲的是汉话，在祭祀中有文、疏、表、章，有印信图章，有官府衙门的称谓作法(苗族本身没有文字、不通王化、没有官府)，而且所信奉的又是多神教，因而被称为"客师"，即不是苗族本有的主体大教，而是客教。

　　苗师"巴代雄"是苗族原始本有的巴代，其启教最早，生态最古，历史最长，她跟随着苗族的产生、发展，直到现在。其神辞全是古苗语，没有间杂汉语，主要在祭祀中以静态(坐或站)中进行，其祭祀对象不是木偶、神像和牌位，而是活人坐坛接受供奉。巴代雄没有"三十六堂神、七十二庙鬼"之说，是推崇"自我崇拜、自我不灭"的单神教，而这个"自我"大到我家、我们、我国，小到我身、我心、我形。其祭祀仪式所记录和传承的全是苗族生态的民族文化，"巴代雄"是正统的苗族巴代的本根、主体、大教，也就是主教。

演教实际上就是宣演教法的一种戏剧，通过这种戏剧营造达到一种人神相通的气氛并使人们进入三昧、入神的状态。除了演教的人要具备全身心地进入角色的表演技能之外，很大程度上还要依靠道具法器来发挥作用。因此，法器道具在巴代演教过程中所起的作用不亚于巴代的咒语和神辞。

客师"巴代扎"的道具法器有百余种，收入本册的目录便有98种之多。在这90余种道具法器的名录中，并不包括其大种类的分支细目，如在铜钹的名录中有铙钹、大钹、铰子等名目，在角号的名录中有牛角、长号、唢呐等名目。

苗师巴代雄的道具法器有60余种，本书收入的有51种之多。同样是只提种类，没分细目，比如蜂蜡糠香这一种类分有蜂蜡、蜂窝、粗糠、纸钱等等；再如布条衣这一种类有黑、青、黄等行坛、坐坛、交牲、呈供等不同规格的布条衣多种。

在道具法器这一称谓中，法器多指响器，如锣、鼓、钹等；而道具多指器具，如神卦(筶子)、朝笏、印章等。

本册所介绍的149件的道具法器中，每件都标有名称、别名、苗名、规格以及相关的内容，如材质、制作方法、原根、诀咒及在仪式中的用法等等。特别是对这些道具法器的历史根源、文化实质、相关传说故事、时代背景、社会环境、民族观念等也进行了深入客观的剖析，作出了不同程度的考研和论证。本书中的照片由石开林、石国鑫两人拍摄，不再一一注明。

编　者

目　录

道具法器（苗师部分） ························ 111

道具法器(客师部分)

1. 鼓

名称：鼓。

别名：法鼓、匡。

苗名：窝拢。

规格：有大鼓、中鼓、小鼓等规格，其中大鼓包括特大号、大号等，小鼓包括特小号、手鼓等。

大鼓用于大型乃至特大型的祭祀法事中，如上刀梯、安坛、度执、开天门度亡等仪式，因这些仪式时间长、场合大、人员多、影响广，必须要用大号鼓才能压住场面，以适应法会的需要。大号鼓除了在上刀梯、安坛、度执等场合需要之外，还要用于打苗鼓、跳鼓等大型娱乐活动。

中鼓用于还傩愿、大追魂、大赶猖、敬斋神、公安神等中型仪式，其中有摆在铺垫有襄衣的地面上打的，也有用鼓带系在凳子的靠背上挂着打的。

小鼓指比中鼓小巧得多的鼓或手鼓。手鼓是在鼓框的腰部凿一小方眼，将两片竹块稍厚的一头插进方眼中，两块分别插入后对齐，这样稍厚的一头便卡在鼓肚内出不来了，而竹块的另一头作为手鼓之手柄，便于拿住。小鼓一般用于野外祭祀的一些小型仪式中，同时，度亡打先锋绕棺时也有用手鼓

来伴奏伴舞的。

平时都要使鼓保持自然干燥，不能置于地面上，应放在鼓架上或挂于依托物上，或在地面铺上蓑衣，使鼓皮不直接与地面接触，以免受潮后鼓皮松弛。不用时，应悬挂于梁上或板壁之上，忌受潮，忌火烤，忌把鼓当坐凳。

关于鼓的法坛唱词有：

此框此框非凡框，大哥引狗撵肉去，二哥引狗撵山羊。①

撵羊对头射一箭，一箭射死老山羊。

大哥剥皮二哥蒙，蒙得鼓框送师郎。②

拿来坛上定更鼓，定更打鼓到天光。③

阳人拿来打三声，放出七千八万兵。

弟子拿来打三声，万万兵马护我身。

阳人拿来无用处，弟子拿来交钱神。④

上去交钱钱也过，下来度纸纸也明。⑤

若是强蛮不服者，师郎罚斩在坛神。⑥

弟子造框完毕了，擂锣擂鼓又来临。

有关鼓的打法有近40种，其常用的鼓谱有点鼓、拈鼓、起鼓、擂鼓、通鼓、慢鼓、更鼓、静坛鼓、镇坛鼓、巡坛鼓、慢九槌、快九槌、慢上紧、两头忙、松散鼓、边鼓、转身鼓、长声鼓、造坛鼓、狮子滚球、猛虎下山、鬼挑担、路长引、蜻蜓点水、阳雀洗澡、四开门等。

祭祀中打鼓之前，先要焚香烧纸，叩师封邪，用香火先于鼓面上写"雷火"及"紫微符"，并默念神咒：

一打天地动，二打鬼神惊。

三打人长寿，四打鬼灭亡。

五打五等不正邪师，魑魅魍魉。

来吾鼓中绝，来吾鼓中灭。

吾奉太上老君急急如律令。

邪神邪鬼尽消灭。

念完神咒之后才能打鼓，传说这样才能确保祭祀活动平安无事。

祭祀之前念咒化鼓还有一种神辞："角亢氏房心尾箕，斗牛女虚危室壁，奎娄胃昴毕觜参，井鬼柳星张翼轸。斗、错、权、恒、毕、伏、标。"这是二十八宿咒，边念边用鼓槌在鼓面上画"雨渐耳"符，最后一笔拖起画一个大圆圈，并点上七点。

注：

① 框——指鼓。

② 蒙——本地方言，指制鼓。

③ 天光——本地方言，指天亮。

④ 交钱神——术语，指主持祭祀仪式。

⑤ 交钱钱也过，度纸纸也明——术语，指做得圆满无缺，可以作准。交钱、度纸，把冥钱及供品交送给神灵的意思。

⑥ 罚斩在坛神——术语，指责罚、斩首、处决的意思。

2. 锣、钹

名称：锣、钹。

别称：包包锣、勾锣、法锣、云锣、铜锣；铙钹、铰钹、头钹、二钹。

苗名：窝炯、陀罗、光且。

规格：锣有大、中、小等多种规格。

大锣如圆簸箕般大小，敲击时需用一根绳索挂起或二人用木杠抬着打。这种锣用在大型祭祀活动中，如上刀梯、度亡等。中锣如筛子般大小，大多用在上刀梯穿街、巡坛、还傩愿、追魂翻案、野外祭祀、赶鬼驱邪、打扫屋、敬公安神、早斋、接龙、求雨、傩戏、傩舞、安坛、度执等诸多祭仪中，是巴代平常使用得最多、用途最广的一种法器。小锣有包包锣、勾锣等。包包锣多用于接龙、打先锋、绕棺度亡师、坐兵场等仪式中，是巴代不常使用的一种法器；勾锣则是用于打击乐的一种常用小锣。

钹的规格也有大、中、小号等。大号钹分大钹、头钹、铙钹、扣钹等。中号钹也称为二钹、填钹，分平中、翘中、厚中、薄中等多种。小号钹分为小钹、钹子、小二钹等。凡是在用锣鼓的场合中一般都用得上钹，有用一副或多副的；而在扮和尚、安龙谢土等祭祀中，也有只用钹而不用其他法器的。

在巴代祭祀中锣除了作为响器伴奏之外，还有压邪封魅的功用。如在封邪法事中就有如下咒语：

弟子手拿鸣锣重千斤，不压信士户主儿魂女命，三魂七魄。当压巧脚弄手、巧手弄匠、弹匠勾匠、剃头道士、光头和尚、红衣老司、黑衣道师、苗师客师、十二五等不正邪师、邪神邪法、邪诀邪鬼，押在天牢，盖在地井，压在千丈深潭，万丈古井。

念完将锣扑放地下，即表示压住了邪师。

小锣还有在还傩愿仪式中，平时打中锣，到举行"坐兵场"仪式时要用小锣，提在手中，便于进行"报兵安隅、造衣造冠"等活动。

锣钹平时的保护也不能忽视。应尽量分开，以免碰撞损坏。特别是包包锣，特别注意不要与草地接触，若不小心接触了草地，则会变音。

在巴代"造锣"法事中，有关神辞是这样的：

此锣此锣非凡锣，广州广县出广铜。

鸣锣高上四个字，双炉过火铸成锣。

阳人拿来打三声，放出七千八万兵。

弟子拿来打三声，千兵万马护我身。

阳人拿来无用处，弟子拿来交钱神。

上去交钱钱也过，下来度纸纸也明。

若是强蛮不服者，师郎罚斩在坛神。

弟子造锣完毕了，擂锣擂鼓又来临。

关于锣钹的打法有五十余种，其中常用的锣谱有长声锣、快长声锣、紧九槌锣、松九槌锣、转身锣、游锣、更锣、巡坛锣、行香锣、哨锣、慢上紧锣、鸣金锣、点锣、三开门锣、路长引锣、狮子滚球、鬼挑担、阳雀洗澡、猛虎下山、蜻蜓点水、生老病死苦等。

3. 碗

名称：碗。

别名：响碗、法碗、马脚碗、龙碗。

苗名：窝者。

规格：有大、小两种规格，同时又有土碗、洋碗、

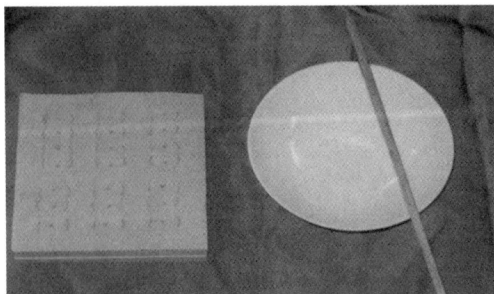

八卦碗等的区别。

碗是作为巴代的一种法器来使用的。在接龙时要敲碗才能请龙。届时，迎接龙神的一行人从家中出发，来到村寨东方之水井溪河时，巴代要用一根竹筷边敲碗边用神韵古腔吟诵请龙神辞：

奉请——

东方青帝青龙，南方赤帝赤龙，

西方白帝白龙，北方黑帝黑龙，

中央黄帝黄龙。

五方五位龙公龙母、龙娘龙爷、龙子龙孙……

在巴代法事中将碗作为道具来使用很常见，比如在遣怪送瘟、隔除逆子、赶猖鬼等仪式中，要将碗于三岔路口打破后才能往回走。在开天门度亡师时用碗封邪，在祭仪之初用碗收祚等。在坐兵场仪式的造马神辞中，将四个碗放于一把长凳的四只凳腿下来代表马蹄，其神辞如下：

此碗此碗非凡碗，岳州岳县出筒碗。

岳州岳县出筒碗，一天烧得七千八万碗。

拿来街前做买卖，户主将钱又来买。

阳人拿来无用处，弟子拿来做马呼——脚。

这是在坐兵场仪式中的有关碗的唱词。

在巴代祭祀场合中，有关碗的应用还有很多。比如用碗倒扣压邪：先把一张八开的白纸铺在地面上，再摆一只碗，然后用手诀和咒语收邪，逆收三次之后，打阴箸封住，用白纸包住此碗，倒扣于地上，用师刀圈压住碗，右手执刀把，从胯下将刀往坛里推，算是镇压了邪神邪鬼。要到祭祀完毕后才能打开此碗，并且要烧纸送邪。

4. 师刀

名称：师刀。

别名：圈刀、套刀。

苗名：首道。

规格：师刀的规格有多种，有大小、长短等的区别，有铜质的和铁质的。师刀的特征之一是大圈套小圈，而小圈还可套更小的圈。在一个大圈内套上五、七、九或十二个小圈，象征着世间环环相通、环环相扣、互补互制、共生共存的理念。师刀除了在圈中套圈之外，在其根部还拴有一个响铃；师刀刀把呈背凸面平、根圆尾尖、两边有刃的形状。它既是巴代的一种法器（响器），又是一种道具。从形状上看，其圈为阴，其把为阳，有圆有尖，有刚有柔。从功用上看，可摇可响，可振可抖，可圈可套，可链可铐，可绑可系，可镇可制，可砍可刺，可杀可戮。物虽一件，用途却广，代表性强，含义深远，折射出其在原始时代围猎搏肉活动的背景和作用。

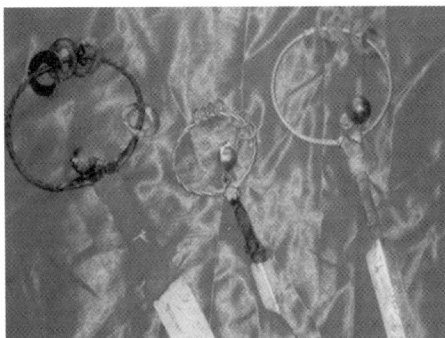

巴代在做放魂仪式时，要将病人的衣服布头剪下一点点，包在一张纸钱内，以象征其魂魄。在放魂时，要将包魂纸从师刀圈内穿过，巴代边穿边云："……放魂放送太上老君，太上老君放送祖师，祖师放送本师，本师带来穿山过海、穿坡过岭、穿岩过洞、穿湾过坳、穿桥过渡，放魂放到床头，放命放到床尾，放魂得了好魂，放命得了好命……"同时，巴代将师刀把夹在膝上，将包魂纸从后颈转下由师刀之大圈转进，由小圈转出，谓之穿山过海；从圈内转过，谓之过关。

师刀把上有很多青线缠绕。巴代在小儿祭"西北桥渡关"（小儿患痢疾等顽症做此祭祀）的仪式中，用七根丝线穿七个小铜钱，巴代与户主各拿一头绕坛三圈后用剪刀剪线，以铜钱掉在筛子内呈现出三个背四个面为最好的预兆，谓之"就要三阴对四阳，不要命短要命长"。之后将这些青线缠在巴代师刀把上，寓意保小儿长命吉利。哪个巴代的师刀把青线最多，说明这个巴代的法力最大，香火最旺。

师刀大圈以方条扭绞，呈现出绞状棱角，其在摇动时能充分摩擦发出较大响声。可在赞唱时振抖作为节拍；在请神时顺摇（圈在下方把在上方）；在锣鼓伴奏中申、吟、诵、唱、念则多用倒摇（圈在上方把在下方）；在舞绺巾时可配舞步振摇；在踩（差）九州兵时可与马鞭一起踩踏其边，以示号令；在发油火、冲营打寨、追魂翻案喷油火时用来套住烧红的铁犁等，但此时必须用铁质的师刀才行。

5. 牛角

名称：牛角。

别名：角号、法号。

苗名：格尼。

规格：牛角按大小、长短
等可分为多种。材质有黑水
牛角、白水牛角、黄牛角、铜
质牛角、树皮牛角，近年来还
出现了铝质牛角等。其中，以
传统观念而论，白水牛角最
好；以音质而论，铜质牛角最好。

骨质牛角传说以椎刺而死的牛角最佳，但如今已无从寻找。骨质牛角首
先得经过煮脱，然后削光、磨亮、通尾、制嘴，经过这几道工序之后才能
吹响。

角嘴有连角制嘴和硬木制嘴两种做法。连角制嘴对工艺技术要求很高，
因为牛角的音质的好坏、音量的大小全在于角嘴，角嘴做得好、做得合适，
牛角便容易吹响，而且声音洪亮。如果角嘴不佳、规格不合适，牛角便很难
吹响，即使费尽吃奶之力吹响，声音也极小。角嘴是决定牛角音质、音量的
关键，牛角部分仅仅只是帮其扩音而已。

关于牛角的根源，巴代唱词是这样的：

此角不是非凡角，犀牛年年耕田地，

空闲田间去相打，打落一只在地下。

别人看见不敢捡，太上老君捡一只。

铁匠佬儿打钻子，

拿来左又通来右又通，通头通尾才成角。

阳人拿来吹一声，放出七千八万兵。

弟子拿来吹三声，千兵万马护我身。

阳人拿来无用处，弟子拿来交钱神。

上去交钱钱也过，下来度纸纸也明。

若是强蛮不服者，师郎罚斩在坛神。

弟子造角完毕了，擂锣擂鼓又来临。

关于角的吹奏法有四十余种，其中最常吹奏的有单只角、双只角、单声角、双声角、三声角、请神角、下马角、交牲角、上熟角、造坛角、结界角、行礼角、接兵角、出旗角、赎魂角、九州角、五方角、破岩打洞角、追魂翻案角、巡坛角、收兵角、回身角、管坛角、收瘟角、倒火场角、老君角、玉皇角等。

6. 筶子

名称：筶子。

别名：神卦、竹筶、阴卦、阳卦、神筶、竹卦。

苗名：抗。

规格：筶子分大、中、小。材质有竹、木、角等多种。

筶子是巴代在祭祀仪式中用来沟通阴阳、传递信息、卜问事情吉凶的最常用的一种媒介道具，同佛、道、神的寺庙、宫观、祠坛所用的神卦一样。巴代在问卜仪式中的神辞是这样的：

阴把香烟为据，阳把竹筶为凭。弟子口是定阴（以口相述），话是定阳（以话相通）。定阴高上凭天凭地、凭阴凭阳、凭龙凭虎、凭神凭人，凭到九州兵马、前师后教、功曹武猖、家亡先祖、家先家众、村头龙神、寨尾土地、灶公土地、灶王菩萨、门头老鬼、把门将军。真的报真，假的报假。莫把假的报真，莫把真的报假……

说完便把筶子抛下地，如果两块筶心都朝天（翻），叫作阳筶，象征阳，人事为女、事意为开、本卦为坤（此为阳中含阴）。如果两块筶心都朝地（扑），叫作阴筶，象征阴，人事为男、事意为阻、本卦为乾（此为阴中有阳）。如果两块一扑一翻，则叫作顺筶，象征阴阳相通、阴盛生阳、阳盛生阴、阳中有阴、阴中有阳、阴阳和合、刚柔兼并，在两仪中生存，在矛盾中发展，事意为顺，为乾下坤上吉祥之卦。又，在具体问事之时，男怕阴筶，女怕阳筶。男逢阴筶者，同性排斥；女逢阳筶者，同性争斗。在傩祭中，阴筶代表傩公，阳筶代表傩母，顺筶代表满堂师父神，这便是筶子的有关内容。

筶子的材质以竹根为最好。同时，巴代在制作筶子的过程中，是有很多规矩要遵守的。比如不用"灵隔日、神隔日、鬼隔日、老君百事忌、神号日"等。关于这些问题，我们参考下面有关筶子的神辞便清楚了。

此筶不是非凡筶，通是灵山紫竹根。
龙汉元年栽竹子，龙汉二年紫竹生①
龙汉三年生出土，龙汉四年笋登林。
先生一对黄竹笋，出了黄虫来咬根。
后生一对黑竹笋，又出黑虫来咬根。
第二三年才生一对青竹笋，
高上百鸟无着处，地下无虫来咬根。

张赵二郎打马园中过，闻听紫竹响一声。
夜里点把灯笼看，看见紫竹好光影。
大哥抬刀不敢砍，二哥抬斧砍不成。
拿把锄头刨开土，才用斧头砍断根。

鲁班仙人齐来到，才将竹蔸破开分。
八月初一削筶子，十五吉日紫筶成。
一块称来有四两，两块称来有半斤②
内有五行生父子，内五行来外五行③
内有建除满平定，分出八卦定君臣④

上去求风风也到，下来求雨雨来淋。
上去求男男成对，下来求女长成人。
人人说我紫筶好，个个讲我紫筶灵。
打得真来真得灵，
阳人拿来无用处，弟子拿来交钱神。
上去交钱钱也过，下来度纸纸也明。
若是强蛮不服者，师郎罚斩在坛神。
弟子造筶完毕了，擂锣擂鼓又来临。

筶子原本是道具，但也可以作为法器。它除了可以沟通阴阳、作为媒介之外，还可以叩响以作为申、念、赞、唱的节拍，配合锣鼓钹角等响器使用。

关于问筶，拗筶的神辞有很多。在具体操作中，要看事而为，比如在还傩愿仪式中的神灵上马、下马问筶时，代表傩母下轿进傩堂及上轿回府的筶象是阳筶；代表傩公下马降临及上马回府的是阴筶；代表满堂傩神的是顺筶。巴代若在迎送傩神来去时得到拗筶，则要用心措辞唱问了。这得看巴代的真才实学。有的巴代往往被搞得汗流浃背狼狈不堪，有的巴代甚至打了几十次才能得筶。因此，巴代们对此一般都会有思想准备。如果巴代没有唱到有关事项，往往是打不得该卦象的。

很多人说巴代是巫师，但按巫的定义之一来说，巫师可与鬼神直接对话。而巴代是不能面神见鬼的，其与神灵沟通的唯一方法就通过筶象来判断吉凶。

注：

① 龙汉——古代纪年的词语，究竟何年，待考证。

② 四两、半斤——指十六两为一斤的老秤，八两为半斤。

③ 五行——指金、木、水、火、土这五种物质。

④ 建除满平定——指阴阳家术语的十二性，即建、除、满、平、定、执、破、危、成、收、开、闭。

7. 香炉碗

名称：香炉碗。

别名：香炉、宝鼎、香碗、香钵等。

苗名：窝达香。

规格：有大、中、小、圆、方等多种规格。可分为有脚香炉和无脚香炉，其中有脚香炉又可分为有耳和无耳等。材质有铜、铁、瓷、木(方印)

等。香炉还可分有灰香炉和米香炉等，灰香炉用净灰(多指灶膛灰而不用火炉灰)或者用细河沙插香，米香炉是在香炉、香碗或方升内装上白米或其他粮食来插香的。过去乡间法坛大多采用无脚瓷器香炉或者土钵香炉，这类香炉大多是装纸钱灰来插线香的。

法坛香炉原则上由安坛师或度法师赐予，除非本坛世袭香炉损坏了，本坛弟子才可以自己花钱另外购置。而在乡间坛头香火祭祀中，大多采用米碗(升)装上白米，俗称香米，用来插香；同时还得在米碗内摆上十几文钱，俗称利是，二者合称为香米利是，祭祀完毕之后，这米便被作为酬劳给巴代带走。

以上所说的香炉多为客师"巴代扎"祭祀所用。巴代扎祭祀也与其他宗教一样，十分重视香炉，认为香炉在祭祀场中是核心神物，象征着神灵本身，也是法坛祖师及法坛弟子的法缘法力的象征。如果法坛祖师得力，有灵有验，弟子宣演教法合乎法度(按照传统标准、规则去做)，则请他的人多，称为"香火旺盛"或"坛头香火旺相"。如果哪个巴代死亡则被称为"某某(法名)法师崩了香炉，倒了水碗"，可见香炉的内涵及象征非同一般。

巴代在祭祀中对香炉的祝词较多，多为整堂祭祀神辞的前面部分。因为凡要请神，必先要烧香，焚香之后才有条件请神，神附于香烟，这是营造一种宗教气氛的必要条件。比如请神之时大多先诵如下神辞：

伏以，今据公元二〇某某年某某月某某日某时，在信士某氏门中，某某地处。有事烧起一炷陈香，无事不乱烧起二炷陈香，有事烧起三炷陈香华香，龙凤宝香。烧香洋洋，展开天堂。烧香浓浓，展开炉中。烧香纷纷，展开天门。香不乱烧，神不乱请。不请何神，不叫何鬼，不请外面神灵，不叫外路神祇。当请……

再如赞香唱词：

一炷宝香插炉中，炉中插出九条龙。
四龙归到四海去，五龙驾赴五岳宫。

二炷宝香插炉台，炉中插出九龙蟠。
四龙归到四海去，五龙驾赴在凡间。

三炷宝香炉内烧，炉中插出九条龙。
四龙归到四海去，五龙起驾赴天朝。

香气烟闻遍九阶，香烟渺渺冲上天。
香云驾直昊天界，香迎天仙地神来。

诚心一念周沙界，五分香烟遍十方。
愿凭感格圣贤心，宝网光中齐出现。
……

8. 水碗

名称：水碗。
别名：净水碗、神圣碗、圣水碗。
苗名：吾霄水。
规格：与平时的饭碗大小一般。有土碗、八卦碗、铜碗、罐、玻璃罐等。
用以上这些容器装水置于法坛上或祭坛上，然后盖上纸钱或者压上令牌。由于在法坛上长年累月地摆放，一般多用纸钱盖上之后再压上一块石头，如上图右。每逢初一或者十五便要加一次水，碗内的水是不能干涸的。若碗内没有水或者只有少些水，传说凶神恶鬼便会兴风作浪，为殃作祸法坛人家和巴代，所以要随时添加，一年四季都要保持满碗水。
碗内之水要求用从井中直接担来之水，如"请水"法语所云："……田中之水，养谷养米圣水，弟子不当用处；路道之水，洗脚草鞋圣水，弟子不当用处；池塘之水，养鹅养鸭圣水，弟子不当用处。弟子当用五龙井中圣水，瓢中舀来倒在桶中，桶中挑来倒在缸中，缸中舀在瓢中，瓢中倒在碗中，碗中师郎拿在手中……"

传说水碗之水经过诀咒加持之后，是用来保护法坛或祭坛平安的，是神圣的法物之一。民间曾有巴代斗恶魔的传说：湘西苗民居住于深山老林、荆棘沟壑的恶劣环境中，经常遭到魑魅魍魉、鬼魅妖魔的吞啖侵害。巴代为了保护苗民，与鬼魅妖魔打斗，常把魔鬼打倒，因此引来了魔头要祸害法坛。魔头走到村头一看，只见汪洋大海（由于法坛碗内神水的神功，海洋隐藏了法坛）。魔头无奈，只得化成人形，于村口等候，见到村内牧童出村放牛羊时，它拦住便问："小孩，你们知道寨里的巴代坛上有什么吗？请告诉我，我送你们钱去买糖吃。"小孩说没有什么，只有香炉、神灯和水碗。

这魔头便变化出铜钱哄小孩去倒掉水碗内的水，小孩得钱后，便转身回村里去，趁大人不注意时倒掉了三分之一的神水，这时魔头看到这片汪洋大海开始出现屋脊顶上的古老钱瓦尖角，待小孩来到村口时便再加钱哄小孩去倒水。第二次倒去了半碗，这时魔头在村口看到屋的一半露出了水面，但还是进不去。第三次再加钱哄小孩才将神水倒完，魔头便进了巴代屋里。由于小孩无知，人为地倒掉了神水，巴代没有发现，被恶魔突然找上门来。他急忙逃跑，在路上转弯处变成一只小青蛙躲在一堆牛屎里面，恶魔赶来时不见了巴代，便用梭镖刺牛屎，说："如果见到巴代，我要椎杀他，就和椎杀这堆牛屎一样。"结果刺伤了巴代，巴代在铁仓内休养了三年六个月伤口才痊愈。

从传说中，我们可窥视到苗族先人于涿鹿战败之后，又经七迁八徙逃亡到湘西之后，是如何在这沟壑纵横、深山洞穴的恶劣环境中想方设法战天斗地生存下来的场景，他们由于苦难的折磨而想尽一切办法，利用山水洞穴这些自然条件来维持民族的生存与发展。

传说归传说，在实际操作中，法坛之水是用来护坛及藏魂的。巴代造化水碗之水的诀咒有"造水咒、立化坛场咒、藏身咒、护法咒、封邪咒、收祚咒、五龙咒、五雷咒"等，关于这些内容我们已在《巴代法水》一书中做了详细的介绍。

水碗在巴代法坛中与香炉、神灯同等重要。香炉是法坛的核心支柱，象征着祖师、先人、神灵，而水碗则是法坛的护法命脉。巴代逝世，称为"崩了香炉，倒了水碗"，可见巴代法坛的香炉、水碗绝非一般。

9. 令牌

名称：令牌。

别名：法尺、压牌、镇邪牌、兵符、五雷牌、镇坛木。

苗名：打耸怕。

规格：有大、中、小、长、短、厚、薄等多种。材质有雷劈枣木、雷劈樟木、铜、铁，近代还有铝、锡等。

制作令牌有雕刻、墨写、"膝写"、"光头"等方式。令

牌由正面、背面、两边与头、脚六大部分组成。一般而言，令牌头有"☰"乾卦符号，象征着天；令牌脚有"☷"坤卦符号，象征着地。令牌正面的上部（圆形或稍尖形部位）有"包罗神符"一道，符式为先画一倒写的"又"字，在朝上的分叉部位横画一笔，然后在"又"字的三角框内打一点，再于上面一横之上打一点。画符时先点三角框内的一点，念"一点乾坤大"；再横画一笔，念"横担日月长"；然后倒画一个"又"字，念"包罗天地转"；最后点最上面的一点，念"神真坐中央"。整个咒语为"一点乾坤大，横担日月长。包罗（一说为波罗）天地转，神真（一说为佛圣）坐中央"。此为令牌正面上方的神符。令牌正面下方为篆体"奉玉皇老君敕令"字样；两边小字分别为"四大四天王""八大八金刚"，内边沿为较粗线条，外边沿为艺术花纹，由人来定。反面为"奉师敕令五雷（雨渐耳）煞"字样，其中的"雨渐耳"的写法是"雨字头、下左渐、下右耳"，为"紫微神符"，读作斩。此符为打一大叉，大叉有四个部分，其中各点三点。大叉左右各有一行小字。左边三个小字的第一字由"雨字头、下左三点水、下右奉"这三部分组成，读作奉；第二字由"雨字头、下左三点水、下右登"这三部分组成，读作登；第三字由"雨字头、下左三点水、下右弘"这三部分组成，读作弘。右边三个小字的第一字为"雨字头、下盟"，读作明；第二字为"雨字头、下雷"，读作雷；第三字为"雨字头、下罡"，读作罡，即左边是"奉登弘"，右边是"明雷罡"。此为令牌背面的字样。此面有

第二种写法，为佛教所称的六字真言"唵嘛呢叭咪吽"。还有第三种写法，为"太上老君敕令"，两边各有四组八卦符号，顺序为"乾坎艮震""巽离坤兑"。此面的符式及字样多为凸出来的，其线条也如此。令牌两边各为四字："邪魔拱手""外道皈依"。雕刻牌多为凹进去的字样。

令牌在巴代法坛祭祀中象征着权力、威力、震慑、威仪等，是巴代镇坛、降妖伏魔、驱鬼除怪、调兵遣将的必用法物，令牌一拍，威仪即显。法语有云："伏以，令牌一下，雷劈一声。上拍三十三天，下拍一十八重地狱。"

令牌的原根唱词如下：

此牌此牌非凡牌，天上雷公劈树来。

有错之人雷劈树，劈落一块有来源。

别人看见不敢捡，太上老君捡一块。

拿来左撩头来右撩尾，撩头撩尾才成牌。^①

中牌雕苑娑罗树，天下娑罗在中牌。^②

七星北斗高上坐，龙神万字在中牌。

令牌一下起风雷，邪魔妖鬼远远避。

天风地水一起焚，斩草除根不留情。

若有蛮强不服者，令牌斩断不超生。

别人拿来无用处，弟子拿来交钱神。

上去交钱钱也过，下来度纸纸也明。

弟子造牌完毕了，擂锣擂鼓又来临。

在祭祀中，令牌一般都是压在水碗上面的，有的还在神水碗上盖纸钱，然后把令牌压在纸钱上。

注：

① 撩——本地方言，锯断之意。

② 娑罗树——指天竺之菩提树。

10. 神灯

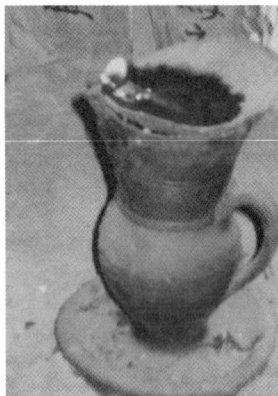

名称：神灯。

别名：灯盏。

苗名：标先、冬盏。

规格：有大、中、小、高、矮等多种。法坛一般多用罐灯、柱灯、耳灯三种，而神坛（祭坛）则多用矮灯、碗灯（斜摆的土碗置放于香米之上）。

从前乡间大多没有蜡烛，因此在祭祀中多用清油灯，特别是祭奉斋神的时候必须用清油灯。这是因为蜡烛是用木油或动物油制作的，材料较稀少。再者，用灯盏烧清油，清油比蜡烛的价值低些，而神灯中所烧之油的多少可以控制，不会造成浪费。此外，灯点一盏便够了，若是点蜡，最少也得两支以上才行。

在法坛上，除了管兵、热坛、祭坛等祭祀中须点灯之外，平时的每月初一、十五晚上都要点灯，较富裕的巴代家中法坛要点通宵，而较贫穷的巴代家中则少放些油，以油尽为度。神灯一旦点亮之后是不许吹灭的，传说吹灭神灯会导致当事人瞎眼，被风吹灭或油尽自熄则无事。

神灯在祭祀中的唱词有很多，其中有一段是这样的：

灯盏生来似月圆，白龙藏在里头眠。[1]

白龙吐出毫光现，照耀三千及大千。②

神灯在巴代法坛和祭坛中的作用同香炉、水碗一样重要，关于这点，从法坛或神龛的神联中就十分明显地表现出来：

金炉不断千年火，玉盏常明万岁灯。

注：

① 白龙——喻灯草。灯草是白色的，浸于油中，似龙入水。

② 三千、大千——指世界。全球为一个人类世界，一千个这样的世界为一千世界，三千个这样的世界为三千世界，此为三千之说。而大千则指一千万个这样的世界为一大千世界。

11. 蜡台

名称：蜡台。

别名：烛台。

苗名：窝纵标明。

规格：有尖形蜡台、长方形蜡台、四方基座蜡台、圆形底座蜡台、连台型蜡台和单台柱形蜡台等。材质有木、铜、铁、瓷等。

巴代法坛一般多用连台型蜡台，如上图所示，原因有以下几点：①法坛所供祖师神较多，一般统称为"上坛七千祖师"，点蜡要多用一些。②上坛中间一行字为"上司三十三天昊天金阙至尊玉皇上帝"，玉皇为最高天，位于最上一层。③法坛通常代表五方五位，即东、南、西、北、中，故平时所点之蜡须得五支才行。而分台型只能点两支，象征不了五方五位。④连台型蜡台除了可以多点一些蜡烛之外，还可以围挡法坛边沿，不会掉落摆在坛上的零星物件，同时还可使神坛庄严。在祭祀中则一般多用分台型的或方或圆的蜡台，因其所供之神较单一，每次只需点两支蜡烛便可以了。

蜡台与神灯相比较，首先，蜡台的使用是先于神灯的，因为蜡烛是火把的升华。在远古时期，人类祖先照明多用火把，火把的材料多是干竹、松脂棒等，这些都是蜡烛的母本，特别是松脂棒与蜡烛更为相似。油灯则要通过压榨得到油之后才能点亮，而榨油技术的出现肯定晚于用松脂棒点亮照明的时期。因而，我们说蜡台是先于油灯照明的。

其次，蜡烛与神灯相比较，蜡烛的亮度肯定大于神灯，点上两支以上的蜡烛，比神灯内点上几根灯芯的亮度要大得多。因此，祭祀级别较低的神时多用神灯，祭祀级别较高的神时则多用蜡烛。

神灯与蜡烛除了用来照明之外，还能起到使坛场庄严、慰心提神的作用。祭祀中，有关蜡烛的唱段比神灯的唱段相对来说要多一些，我们权且举出以下几段：

师郎通报酒师人，依吾吩咐二三声。
左手打开香袋子，右手拿香炉内焚。
好的信香烧三炷，红亮蜡烛点两根。
蜡烛高上化红火，烛支头上放火焚。
烧起蜡烛沉沉亮，满堂众神笑盈盈。①
满堂众神盈盈笑，喜喜欢欢领良因。②

煌煌宝烛在神前，未敢先将火焚燃。
借动祖师三昧火，烛支顶上放红莲。③

烛炳重高星斗现，烛作长明不夜天。
烛放祥光迎神驾，烛迎千真万神来。

蜡烛在过去是照明的上等物品，在祭祀中显得尤为重要，是敬奉神灵、抚慰心灵的必用物品。

注：
①沉沉亮——方言，意为晶晶亮，是对光亮的形容词。

②领良因——祭祀术语，接受供奉之意。
③放红莲——指烛光火焰与开放的莲花一样鲜艳美丽。

12. 上坛

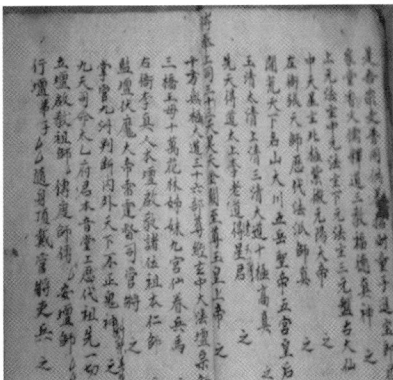

名称：上坛。

别名：法坛、祖师坛、玉皇大坛、三清玉皇宝坛、法坛法殿、法堂宝殿、老堂旧殿、祖师大坛、祖坛、客师坛。

苗名：纵棍抓。

规格：法坛统一安在巴代家中堂屋后壁的中间位置，于约四尺八寸（1米＝3尺，下同）处的地方安设上坛。安低了会不够庄重，安高了人够不着，装香换水不方便。上坛高约2尺2寸，长2尺4寸，宽1尺2寸，大多采用这种规格。当然，在实际操作中，是根据房屋的高矮宽窄来确定的。不管怎样改变尺寸，其尾数必须是八。

法坛的安置有着诸多严格的要求和条件：首先，得用罗盘仪测定该屋的坐向。凡是坐向为乾山巽向的乾宅（坐西北朝东南者）与坐向为酉山卯向的兑宅（坐西朝东者），都不宜在堂屋后壁安置神坛香火，因为乾和兑这两个位置都属于金，火克金，神坛的香火会克害屋宅之金气的，看那神联上写的都是"金炉不断千年火"。屋宅内的金气受到神坛之火克制，主人会倒霉，特别是老翁和少女会首当其冲，因为乾为老人，兑为少女，乾兑受克，老人和少女必遭其殃。其次，安坛当年，不能当逢其年的岁破方，即不能与本年太岁对冲，也不能逢岁煞、灾煞、向煞等。岁破方：如鼠年不能在座南向北的方位安坛，牛年虎年忌西南（坤卦之未与申）方、兔年忌西方、龙年蛇年忌西北（乾卦之戌与亥）方、马年忌北方、羊年猴年忌东北（艮卦之丑与寅）方、鸡年忌东方、狗年猪年忌东南（巽卦之辰与巳）方。如果犯忌，则有损家人或六畜财物，一年不顺。最后，安坛多是新投弟子学习巴代之人所为，必须是度法之时或者之后方可安之。还有一种情况是分坛，若老坛太远或者师徒（坛班人员）太多，便可分坛。

安坛还有很多规矩和禁忌。如安坛所用材料得用果木树或四季常青树木。制作时，严禁人们从木料上跨过。所用木板须是1、3、5、7等单数。安坛时须避开"鬼隔、神隔、老君忌日、杨公忌日、鬼哭神嚎日、黑道日"等不好的日子，要用"天德、月德、神在日、天乙、太乙、紫微、龙德等贵人"等黄道吉日才行。木架子做好了之后，得用新买的红纸、毛笔、墨、砚等书写，不能用旧的。因为上坛神名牌巴代不能自己书写，得备上刀头酒礼、香蜡纸钱等供品去离家很远的地方请人书写。传说如果这书写神名牌的人以后来到安坛巴代的家里，神坛上的神灵便要拜他，因为神灵的名牌是他写的。所以巴代才选那些一辈子都不会来家里的人书写，以免神灵去礼拜他。在写上坛神名牌之前，先要烧香烧纸，奠酒请神，还要念敕纸、敕墨、敕砚、敕笔神咒之后才能动笔书写；写字时，不能潦草，不能涂墨，以免使神灵觉得不严肃、不庄重，从而被邪神邪鬼钻了空子。写好之后，其笔墨要带回，摆在坛上永久供奉。

请上坛的神名为：

三元盘古，三元法主，三桥王母，三清大道。宗本祖师，三十六道祖师。六朝仙官，家贺仙师，昊天金阙，至尊玉皇上帝。十二正君，十二证盟（也有的读作金银）。左衙张天师，右衙李真人。骑龙仙女，骑凤仙人。吾衙使者，白鹤仙人。释道兜天，太愿师强。二衙地府，上桥王母，九十九宫，天仙辽婆大娘，天仙兵马，天仙兵将。中桥王母，七十五六二宫，地仙辽婆二娘，地仙兵马，地仙兵将。下桥王母，三十五六二宫，水仙辽婆三娘，水仙兵马，水仙兵将。中天雷祖，九牛操土。麒麟狮子，黄斑饿虎，伏魔大帝。东洲东殿，敕符仙师。南洲南殿，敕符仙人。五湖四海渡船师，天仙兵马，地仙兵将。

细请的神辞如下：

奉请前代祖师石法高，

后代祖师石法旺、

石法灵、石法胜、龙法灵、龙法胜、

龙法通、龙法高、龙法旺、

江法灵、吴法德、侯法斌、

田法魁、田法寿、吴法成，

掌度祖师龙法胜，前代安坛刘法旺，

后代祖师龙法胜、

龙法明、龙法胜、石法明、石法胜，

高公祖师石法旺，尊公祖师石法高、石法魁，

后代安坛龙法灵，

祖公祖师石法高、石法旺，

师伯石法胜，严父祖师石法高，

行兵弟子石法高。

奉请太上老君，正君道君，张赵二郎，圣水三郎，十二婆令大娘，花林姊妹。阴传阴教，阳传阳教，梦传梦教，不传自教，三坛两教，三十六道祖师。

出兵出在何州、请到何州，出马出在何县、请到何县。请到十重云头，九霄云雾。七里桥头，奈何桥上。老君大堂，玉皇大殿。老君殿前殿后，老君殿左殿右。学师堂中，学法堂内。教师堂中，教法堂内。云贵两广，永保二州，湖南湖北。祖师在起湖南大堂，请到湖南大堂。本师在起湖北大殿，请到湖北大殿。大兵请上八抬大轿，小兵请上高头大马。

风快请来跟风，雨快请来跟雨。山快请来跟山，水快请来跟水。铺去阴阳二桥，请下凡间之中，洞冲大寨，土地祠下。人请千家开门莫过，神请万家开户莫行。请到信士户主，某氏门中某某某，三衙门口，四脚门外。屋檐童子，接水阶前。大门之中，小门之内。堂屋之中，中堂里内。有车下车，有马下马。入座入位，正排正坐。

此是细请，即先生写好之后要念这些神辞，这样祖师牌位才会灵验。若是时间紧急，可念简请：

奉请坐坛师、管坛师，坐坛师真，管坛师人。交钱祖师，度钱祖师，前传后教，宗本祖师……

上坛的神位用红纸黑字书写，共有 17 列，按从右至左的顺序竖式排列。正中间的一列为主神名，其左右两侧各排 8 列，这 16 列的第字均比主神名落后 2 字，字号也略小一些。具体内容如下：

是吾宗支普同供养招财童子进宝郎君　　　　　之　神　位

家堂香火儒释道教福德正神　　　　　　　　　　之　神　位

上元法主中元法主下元法主三元盘古大仙　　之　神　位
中天星主北极紫微元阳大帝　　　　　　　　之　神　位
左衔张天师历代法派师真　　　　　　　　　之　神　位
开荒天下名山大川五岳圣帝五宫皇后　　　　之　神　位
玉清太清上清三清大道十极高真　　　　　　之　神　位
先天得道太上李老道德天尊　　　　　　　　之　神　位

侍奉上司三十三天昊天金阙至尊玉皇上帝　　之　神　位

十方无极大道三十六部尊经玄中大法坛宗师　之　神　位
三桥王母十万花林姊妹九宫仙眷兵马　　　　之　神　位
右衔李真人本坛启教诸位祖本仁师　　　　　之　神　位
监坛伏魔大帝雷霆督司管将护坛大神　　　　之　神　位
掌管九州判断内外纠察善恶镇伏天下不正鬼神　之　神　位
九天司命太乙府启本音堂上历代祖先一切等神　之　神　位
立坛启教祖师某某传度师某某安坛师某某　　之　神　位
行坛弟子某某某随身顶戴管将吏兵　　　　　之　神　位

本节照片内的文字样就是清代同治年间书写上坛手抄本的内容。

13. 下坛

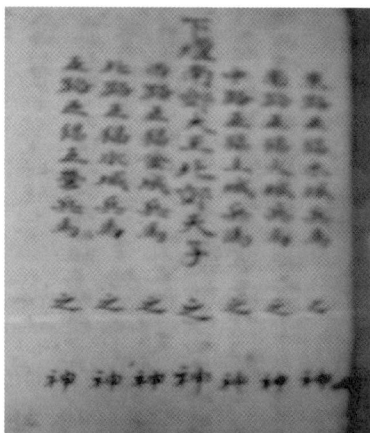

名称：下坛。

别名：兵马坛、阴兵坛、神岩坛。

苗名：窝柔下台。

规格：下坛以1尺2寸8分见方的上薄下厚的两块岩石（即神岩）为主要构成，其中上面一块5寸2分，象征着十二个月；下面一块6寸8分，中间凿有能装下一只小碗的圆形窝槽，碗内装有五谷，象征着法坛兵马的粮仓。

下坛除了神岩之外，还有小香炉一个。后面板壁上方贴有红纸，从右到左写有：

东路武猖木神兵马之神位

南路武猖火神兵马之神位

中路武猖土神兵马之神位

下坛南郊大王北郊天子之神位

五路武猖五营兵马之神位

西路武猖金神兵马之神位

北路武猖水神兵马之神位

其上贴有宝圈纸，上面横批"骑虎大坛"或者"龙虎大坛"四个字。板壁的下方横钉一根中空木，用来插那些在信士家主持祭祀后所带回来的武猖纸旗。

因为下坛是安置武猖兵马、五营兵马的场所，其禁忌比上坛要多一些。传说若是哪个惹翻了下坛兵马，动了神岩，轻则染灾，多为疯癫之患，重则丧命。上坛说文讲理，下坛讲武动气，尤其是这些武猖兵马，若没管住，更是穷凶极恶，过去人们都怕触犯下坛。

下坛所管的兵马有：东方东九夷、九千九万木神兵马；南方南八蛮、八千八万火神兵马；西方西六戎、六千六万金神兵马；北方北五狄、五千五万水神兵马；中央中三清、三千三万土神兵马。下坛的最高神是南郊大王北郊天子，考其含义可能是往北去与皇帝所管的地方接界，往南方去则与蛮邦大王所管的地方接界，是皇帝老儿与蛮邦大王都管不到的地方。另有一个说法是，南郊大王北郊天子所指的就是蚩尤，他在北方（黄河流域）时是与皇帝

（炎黄）齐位的，是天子；涿鹿战败后蚩尤带领族人迁徙到南方之后则降为了大王，而他又是战神，有威望，故有南郊大王北郊天子之说。

巴代请下坛兵马的神辞是这样说的：

奉请东路武猖木神兵马，南路武猖火神兵马，西路武猖金神兵马，北路武猖水神兵马，中路武猖土神兵马。七千抬旗抬号，八百抬弩抬箭，围拿锁监，铐枷打锁，追魂翻案。旗头毛鸡，翻跟倒斗，翻天倒地，牛头马面，见毛吃毛，见血吃血，见生吃生，见熟吃熟。武猖大郎，武猖二郎，张赵神水三十六道武猖。

从这些武猖兵马的神名中，我们或许能考察到一些什么，如古代的环境、古人的心理、古时的背景等。

法坛在管兵的时候，是要揭开下坛岩的，一般在半夜三更人们熟睡之后进行。巴代先煎好糯米粑赏兵赏马之后，才做一堂叫作"保坛保殿"的法事。先要擂鼓三通，用鼓声通告村寨中人：巴代要开下坛了，哪里都不能响动，猪狗猫犬不叫，小孩不哭，大人不能弄出响动。大有万物伏藏之势。传说哪里有响动，这些武猖兵马就会袭击哪里，即便是动物也不会放过的。还有传说是哪个弄出响动，其魂就会被盖住，最终取不出来而丧命。所以要用鼓声事先通知，人们听到后便小心隐伏，不出声音，全村静悄悄的。如此约需半小时方能解除。还有，揭开下坛岩之后，观察小碗内的五谷，看哪种浮在上面的多些，认为来年此种粮食必定丰收，过去人们多用此经验来决定来年的栽种。过年热坛多在农历大年三十夜晚放兵时开下坛岩，到新年初三或第一个虎日管兵时换掉旧五谷并关闭下坛岩。

14. 神柜

名称：神柜。

别名：坛柜、神龛。

苗名：窝格纵棍。

规格：柜高4尺4寸8分，宽3尺2寸8分，边门两扇，中封不开。

神柜是专门用来装盛巴代的道具法器的，包括宗坛、神像、傩面具、傩衣、法服、法冠、神鞭、师刀、筶子、傩牌、神签、锣钵及香蜡纸烛等。每逢祭祀归来，所有物件行头尽收柜内，集中保管，祭祀科仪通书等则摆放于柜头的抽箱之内。神柜表面寻常，可在实际应用当中，除了收藏巴代的一应衣物行头之外，尚有巴代藏身变体的功效在内，打开或关闭神柜的时候都要默念相关的秘咒，如"开柜神咒"：

打开神柜，藏入神魂，收入金银，是财莫出，是祸莫进，保我福德，佑我安宁。

再如"关闭神咒"：

关闭神柜，福禄入门，家神勿动，护安保宁，藏我身形，佑我长生。

如果有人在外惹祸或者受到意外惊吓而失落魂魄，巴代会脱其衣服收于柜中，可消灾免难。神柜除了作为巴代法物的收藏之处之外，尚有集福保安之作用。

15. 帅旗

名称：帅旗。

别名：统兵大旗、十二统兵大旗、统兵神旗、神旗。

苗名：大格、蒙急。

规格：过去通用2尺8寸8分的颜色布制作，如今的布匹幅面较宽，相应的尺寸也就加大了一些，但其尺寸的尾数都离不开两个8。

帅旗是巴代的统兵大旗，共有五种颜色，即黄、红、白、黑、青。帅旗颜色的确定是在该巴代度法（一种身份认证的仪式）的时候，用打笤请问的方式向祖师索赐，一般先从黄旗问起，若没有得答应允，再问红旗；若红旗仍然没有问得，再依次问青旗、黑旗和白旗。传说这五种

颜色的帅旗中，白旗和黑旗最差，而黑白旗中，黑旗的兵马虽然最暴，但是传说后面不兴旺了；而白旗传说虽为孝道之旗，但传统观念认为白色是不吉祥的，容易让人联想到麻衣孝服之类，虽然如此，但后面还是可以兴旺发达的。黄色旗为中宫（中央）旗，可以统领指挥和调动其他各方（各色旗）的兵马，因而以黄色旗为最上乘。青色旗为掌管东方九夷九千九万木神兵马大帅旗；赤色旗为掌管南方八蛮八千八万火神兵马大帅旗；白色旗为掌管西方六戎六千六万金神兵马大帅旗；黑色旗为掌管北方五狄五千五万水神兵马大帅旗。从古至今，白色旗很少出现，即使是偶尔有些，平时也是很少打出来的。

帅旗中间为一帅字，也有的为一古用字：上又下中，即在又字下面加一中字，读作炯。是什么意思？巴代的祖师保密不说，待考。大旗上方有一块飘带，尾呈三角形，写有"天运某某年某某月某某日行兵弟子某某某（法名）度法掌印"字样。

此帅旗有一长一短两根旗杆。其中，短的旗杆有十二节竹子的高度，是在巡坛、过道、上刀梯、度亡师打先锋等大型活动中出旗所执，有小飘带的一头为上方。小旗杆顶端用五色纸所剪成的开口纸绞旋封顶，并用朱砂粉、碎金银包于红纸内塞在顶端的竹筒内，然后再于剪口纸丛插上一对武猖旗和两根野鸡尾，有的还要插上几枝青竹叶以示发旺常青。在帅旗的下方还要挂上一束长钱纸马，一起捆绑在小旗杆上。因为旗杆的顶端有剪口纸丛等，这些东西一经捆好，不再解下，所以在穿旗面时，由下穿上，穿好之后，用线系紧两头即可。法事完毕收旗时，也只解开两边之线，取下旗面，旗杆摆在法坛两边。

长旗杆一般要求高过屋顶，至少得 2 丈 4 尺 8 寸，竖在巴代法坛门外，为升帅旗用的大旗杆。顶端亦有一束带叶的青竹枝和两面武猖旗，还安有滑轮和绳索，以便套住小旗杆后上下拉动，用来升旗和降旗。

法坛巴代出旗时，通常要举行踩九州、差兵出坛、出旗仪式，意为发兵发马出去办事，发去法坛所管的九州兵马、五营兵马、武猖兵马。传说客师巴代扎为管理阴间的武官，凡是出坛去办差的，比如上刀梯、度亡师打先锋、开天门、踩草立营、法坛放兵拜年、热坛管兵等，其出坛、回坛都要出大帅旗或收大帅旗。出兵和收兵时，其大旗象征着兵马，因而在出旗或收旗时都要打锣打鼓、吹角鸣号、念咒用诀，举行隆重的仪式。其出旗、收旗的神辞大体如下：

申：

手拿天仙旗，发（收）起天仙兵。

手拿地仙旗,发(收)起地仙兵。

手拿左右阴阳旗,发(收)左右阴阳兵。

发(收)兵好像马脚走,长枪好像笋登林。

一发(收)长枪万万把,二发(收)弩箭万万双。

发(收)兵兵要动,发(收)马马要行。

发(收)兵发(收)到某某地方(如东州东里等)转,

发(收)马发(收)到某处某地(如南州南殿等)回。

千兵看我旗头走,万马看我旗号行。

各自旗头各自号,各自鸣锣各自响。

各自鸣鼓各自呼——行!

念:

弟子手拿十二通天大旗,十二统兵大将。要发(收)东方东九夷,九千九万木神兵马;南方南八蛮,八千八万火神兵将;西方西六戎,六千六万金神兵马;北方北五狄,五千五万水神兵将;中央中三清,三千三万土神兵马兵将。祖师收得快快登车上马,本师收得快快接兵上路!色——(登车后跳跃着发旗出门或收旗回坛)

巴代去世后,其生前用的帅旗经过开天门后,由屋内的天桥送出屋顶瓦面上,再由瓦面上送到门外坪场,升于高过屋顶的大旗杆上。而接坛弟子的帅旗则升于屋后。到安葬时将亡师的帅旗降下来抬上山去插于亡师的坟上,而新接坛的帅旗则马上由屋后取下,升于屋前原先挂亡师帅旗的人旗杆上,到安葬完毕后管兵时,再将帅旗降下收回法坛内即可。

16. 神签

名称:神签。

别名:占签、傩签、竹卦神断。

苗名:嘎陇棍。

规格:一般为12厘米长、1.5厘米宽,尖头、上大下小的竹签100根,俗称一百签。

神签问事的场合有几种:法坛前、傩坛前、老君殿坛前等。问事的时候,先由巴代于坛前烧香烧纸,叩师请神,表明所问之事,再将签筒游熏于香烟

上，后摇上几摇，交予问事的人拿在手中，让其跪于神坛之前默想所问之事片刻，后斜执签筒摇动，待掉下一根后捡起，交送巴代。巴代将此签再度游熏在香烟之上，然后打筶问神，看此签是否为神意所断，打得顺筶之后即可按照签书解读其所问之事。

神签分为母签和子签两种。母签共100根，分为上签、上上签、中上签、中平签、中下签、下签和下下签七个等级，以上上签为吉，下下签为凶。其中，有上上签断下下事的和下下签断上上事的，总之，看事而定，母签为大体事意，而子签为具体事意。

子签分为子、丑、寅、卯、辰、巳、午、未、申、酉、戌、亥共12种，称为12宫、12部或12神，而每宫（部签）又分为家宅、自身、求财、交易、婚姻、功名、出行、六甲、是非、眼疾、行人、失物、田蚕、六畜、寻人、官讼、移徙、疾病、求子、求寿、山坟等20余件事，每件事的内容都讲得比较详细，很大程度地迎合了凡间世人避凶就吉、求生存、求发展的欲望心态。

神签的种类较多，比如诸葛神签、诸葛马前签、观音签、黄大仙神签、鸡卦、鬼谷子神签、刘伯温钱课、杨救贫神课、袁天罡卜算、梅花易数、先天易数、八卦神数等，都可作为法坛神签来使用。

做法坛神签的报酬是相当微薄的，在古时，只有几文钱。

17. 马鞭

名称：马鞭。

别名：神鞭、打鬼鞭、龙马鞭、打邪鞭、镇邪鞭、蚩尤鞭。

规格：法坛马鞭多种多样，其长短粗细大小多不一样，其中必须统一的标准是每根马鞭都要有36节。同时，其长度以50厘米左右为宜，长了不好收藏和使用，短了又不压场、不好看。在上山采竹鞭的时候，选用短节的紫竹鞭为最好，而长节的紫竹鞭到了36节之后则超过50厘米，太长了，不好用。同时要求竹鞭尾要细些才好看好用。

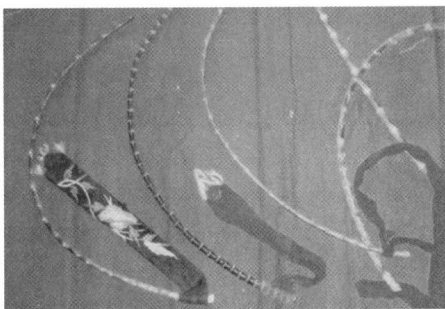

竹鞭采回来以后，去叶，拿在火焰上烤热，放入木盆中使其弯曲，再加入冷水就可以定型了。根部用一条红布飘带缝牢，一面书写或绣上"紫微符"一道，下有"奉师敕令专打天下不正鬼神"字样，另一面绣有花纹图案，飘带下方的尖角有三朵五色丝花。有的另一面也是绣字："奉师敕令专打魑魅魍魉"。

关于马鞭的根源传说有多种：一说是蚩尤在降妖伏魔的时候所用的神鞭；一说是蚩尤战神在作战时所用的马鞭，因为是蚩尤先发明并使用的，故又有蚩尤鞭之说；一说是在蟠桃会上王母娘娘宴请群仙时，太上老君于宴会之前先到，无事在蟠桃园中散步，发现五鬼在园中正准备偷吃仙桃，于是便顺手扯得一竹鞭去打，五鬼被打得屁滚尿流，逃之夭夭。过后一数，其鞭正好36节。事后太上老君教导弟子们：邪鬼怕竹鞭，以后你们为民驱邪除妖，可用此鞭抽打，于是马鞭便成了法坛巴代弟子们的道具之一。

有关马鞭在祭祀中的唱词较多，比如在"造鞭"词中是这样唱诵的：

此鞭此鞭非凡鞭，此鞭出打江南山。[①]

江南大山出竹子，江南二山出紫鞭。

这边穿过那边山。

日里又出凉风吹，[②]夜间又出冷风打。

又出凉风吹长大，冷风吹大长登天。

上有三十六节有用处，祈家作主保东君。

中有三十六节有用处，十方门下救良人。

下有三十六节有用处，收拾别鬼赶出门。

阳人拿来无用处，弟子拿来交钱神。

上去交钱钱也过，下来度纸纸也明。

若有强蛮不服者，师郎发斩在坛神。

弟子造鞭完毕了，擂锣擂鼓又来临。

在"送傩愿"的开坛酒仪式唱词中，用马鞭穿被瓶盖去沾酒弹向神像，意为把马鞭变作龙王，用酒来敬奉给傩神：

此鞭不是非凡鞭，弟子手拿龙马鞭。

变作龙王来领酒，龙王领酒献华山。③

另外，在打扫屋、差兵出坛发旗号、踩九州、追魂翻案、送傩揪打傩洞、发功曹交鸡、在结界或立堂造堂等仪式中，都要把马鞭作为道具来使用。

马鞭，对于以武官将帅、行兵弟子的客师巴代扎来说，是必不可少的常用八大件(衣、冠、笏、印、刀、鞭、角、绺巾)之一。

注：

① 打——本地方言，从的意思。

② 出——本地方言，着的意思。

③ 华山——傩神的代称名号之一。

18. 手牌

名称：手牌。

别名：夹牌、手牌、压牌、颈牌。

苗名：转棍空。

规格：下方上圆的一根木条，半腰中系有红布条。材质为雷劈树或枣木果树。

手牌是用来拿在手中压在师刀把上、中间夹着包魂纸（卷筒状）的一根下方上圆长约20厘米的小木条(上图中间的小木条)。手牌是新投弟子学法圆满可以单独主持仪式之时，其师父为他度法仪式中的一件凭证物。巴代术语将其称为"金锁银马绊"，即上代（已过世的巴代）祖师系在新投弟子身上的金锁银绊，是祖师的法身依附于活人弟子身心上的凭证法物。在为新巴代度法时，掌度师逐一念法坛祖师的名字并打笏询问，哪一位祖师愿来领受这金锁银马绊，意为该祖师愿意接受并依附在这个新投弟子身上，即这位祖师与这个弟子的法缘相符。得筶之后，将系在此手牌半腰的红布带连同手牌一起系在新巴代的颈上，然后才去交纳刀头酒礼、香米利是等供品。经过踩九州、调兵遣将、登车过法后，该弟子才能成为名副其实的法坛正式弟子——巴代。在祭祀中，凡是要用供牲的大小场合，在交牲时都必须用此手牌压在师刀把间的包魂纸卷筒上，祖师才会来拥护加持，仪式才符合法度。在敬神上熟供之后，巴代都得将此手牌红带系在颈上，然后登车领供，边登车边自念自答：

交你长台师椅，桌台椅凳，金杯银碗，金调银筷……领受，领受！交你刀头肉腿，斋筵果供，金银钱财，香米利是……领受，领受！

上面这段神辞与作法为阴间的这位祖师正在拥护和加持阳间的这位巴代，并向此堂祭祀所敬之神交纳供品与物件。这是象征意义极强的作法之一。

手牌，是阴间的祖师与阳间的巴代传承教法、沟通心灵的象征法物。可见古人设教，其间接的隐性传承与直接的显性传承处理得恰到好处。

19. 筶牌

名称：筶牌。

别名：牌筶、翘牌、朝笏、大牌。

苗名：巧牌。

规格：长 30 厘米，宽 5 厘米，呈弯翘形。下图之中图为摆有顺筶的木质筶牌，左图有尖角，为铜质朝笏，右图为铜质牌筶。

筶牌的用处有二。第一个用处是巴代用来摆筶子，即把筶子摆在此牌面上，左右手各执一端，到问事时用牌托起筶子并抛下，任其自由落地，以最大程度地体现神意，杜绝人为掌控筶子的行为与嫌疑。此种作法叫作凭天倒，又称为天平，即不加任何的人为掌控。在行持此法之前，巴代得先唱请神辞：

奉请三传并两教，三传两教降来临。

闻吾弟子来相请，与吾掌筶一时辰。

奉请三元盘古，三元法主，三桥王母，三清大道；

宗本祖师，三十六道祖师；年堂功曹，四值功曹；

五路武猖，三十六道武猖；家亡先祖，家先等众；

村头龙神，当坊土地；灶公土地，灶王菩萨；

门头老鬼，把门将军。

位位请来随左右，随前随后掌天平。

　　筶牌的第二个用处是在赞唱神辞的时候可以用作朝笏。在巴代赞唱神辞之时，往往以左手拿牌筶、右手拿竹筶，并叩响筶子以作节拍，再踱着点水步，边唱边不时地礼拜神灵。此时的筶牌完全被当作朝笏使用，如金銮殿内众大臣手执朝笏上奏天子的情形一般。

　　筶牌可当朝笏，而上图的尖角铜质朝笏则不宜于当筶牌使用。

20. 绺旗

名称：绺旗。
别名：令旗、柳旗、绺巾。
苗名：岭急。
规格：长约1.8尺，其条布宽0.12尺、长0.98尺或0.88尺，每把有彩花布条24条到36条不等，以33条为多见。也有的如下图所示，共有8块布条、6个铜铃。此种绺旗在沅陵、泸溪等地多见，在凤凰花垣等地较为少见。

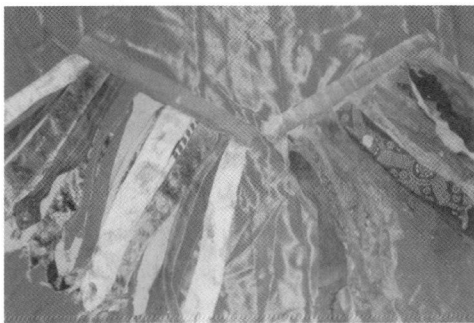

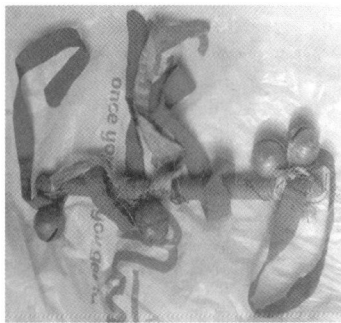

绺旗由多条小长布条飘带组成，也称为绺巾。因为这些布条像古代元帅所发的令箭，呈尖头三角形的条状，所以也有将其称为令旗的。其与巴代的帅旗、马鞭、鼓角等搭配使用，能彰显武将之令旗的含义。传说苗族从黄河流域往南迁徙的途中，歇息于河床滩湾溪涧坪坝上，无事时摘下柳树枝舞蹈作乐，后来改用布条，因而又被称为柳巾。还有一种说法，蚩尤部落自涿鹿战败之后经过多次逃亡，在迁徙途中穿深山、走老林，荆棘刺丛挂烂了衣服，衣服成为一条一条的布条，因此布条成为祖先的象征。巴代法坛多有这种神圣法物，如苗师祖坛所用的系魂保安布条、祖师布条、蚩尤铃布条、紫色布条、蚩尤帽布条等。这些布条在客师的绺旗上的出现，无不留有苗族迁徙的足迹和烙印。总之，关于绺旗的说法有很多，在此不一一列举。

绺旗的布条有很多图案，有绣花的，有绣字的，还有书符的。按过去要求，凡制作一杆绺旗，要用到很多的人。巴代首先按照规格尺寸剪好相应的纸条，在纸条上画好图案或书写好神符，然后将这些纸条分别发给自己的亲戚六眷，要他们自己去买布来按照纸条尺寸大小裁剪，绣好图案或神符（也有只送标准纸条而没有图案神符的，则可自行设计），每家每户送一两张，要到处发放。再定一个好日子统一去收回。收回时巴代要备好糖果食品或者糍粑酒礼去分别送给这些人，每处用一份礼品去交换。收齐之后，将布条拼合、缝牢在一根1.8尺长的木棒上，即算完成一杆绺旗的制作。绺旗虽只一杆，却要很多人来制作，它是众人的作品；同时，这种制作营造出了一种团结合作、相亲相敬的良好气氛。从这个意义上来说，绺旗的制作过程也是社会和谐的纽带。

绺旗的作用除了巴代用来作为舞蹈道具娱神悦人、庆贺迎祥之外，还可用来扫除邪魔妖鬼、魑魅魍魉。因为绺旗的布条里有很多的降魔神符，比如"五雷斩煞符""紫微镇邪符""六度伏魔符"等，还有"七千雄兵、八万猛将驱邪除灾""四大天王、八大金刚驱妖镇魔""三元将军四员枷栲、五营兵马六丁六甲斩妖除邪"等字样。在扫污荡秽、打扫屋、净坛、立造坛场、打先锋、送神、交牲、上供等仪式中皆要用到绺旗，在扫财进家时，扫金扫银、扫财扫宝、扫儿扫孙，把外面的福禄寿喜扫进家门，也要用到它。

在祭祀中舞绺旗，巴代术语称为庆贺。绺旗有多种舞法，有迎神舞（请神时所舞的绺旗套路）、献供舞（敬献供品时所舞的绺旗套路）、差兵舞（调兵遣将时所舞的绺旗套路）、九州舞（踩九州时所舞的绺旗套路）、结界舞（巡坛结界时所舞的绺旗套路）、下马舞（迎神下马时所舞的绺旗套路）、上熟舞（上熟时所舞的绺旗套路）、扫堂舞（打扫坛场时所舞的绺旗套路）、先锋舞（打先锋时所舞的绺旗套路）等；有上三路、中三路、下三路、单人舞、双人舞、群体舞、圆圈舞、梅花舞、仙鹤舞、集散舞、绕坛舞、围场舞、跪拜舞、跳跃舞、独脚舞、立凳舞等数十种舞蹈。因此，绺旗既是一种敬神奉祖的道具法器，又是一种娱乐的器物，能够起到阴阳两利、男女皆适、老少皆宜的作用。

关于绺旗的唱段在"造旗"神辞中是这样表述的：

此旗不是非凡旗，千家贵儿领条锁，[①]

万家闺女领条旗。

日里拿来扫别鬼，夜间拿来护我身。

阳人拿来无用处，弟子拿来交钱神。

上去交钱钱也过，下来度纸纸也明。

若有强蛮不服者，师郎发斩在坛神。

弟子造旗完毕了，擂锣擂鼓又来临。

在用绺旗打扫屋的时候，法语是这样说的：

扫去天瘟地气，扫除天灾地难。

扫去天煞地煞，年煞月煞，日煞时煞。

扫去疾病祸害，扫除妖魔精怪……

扫去他州别里，扫去他乡别县。

千年不许回头，万代不准转面。

注：
① 锁——本地方言，即标准尺寸的意思。

21. 印章

名称：印章。

别名：图章、大印、法印、阴官印、法师印、玉皇印、老君印、三宝印、八卦印、法坛印。

苗名：窝扎窝用。

规格：巴代在法坛中用的大印多为四方形的印章，也有长方形的，此类印章多为烧包或传疏用。而押符、押疏（一说为天押）的大印多为方形，大小不等，小号印有 3 厘米见方，中号印有 5～6 厘米见方，大号印有 12 厘米见方。

法坛经常用的法印称为玉皇印或玉皇老君印。在祭祀斋神的仪式中多用三宝印，比如打醮、燃蜡、移星换斗、荡秽等法会用佛法僧三宝印或道经师三宝印，求功名、学业、利禄福德用文昌文曲印或魁星印，烧包化财则用奉师化财印，视祭祀对象而定。古代的巴代是单一行教的，比如苗师巴代雄至今一直都行的是单一的祖教。由于后来苗汉杂居形成了文化大融合，有的巴代便开始苗汉兼习、佛苗兼习、道苗兼习或医巫兼习了，导致如今的巴代大多集多种艺道于一身，所使用的印章也就多了起来。

巴代印章的使用多在神符和疏文方面，比如"发文"仪式的唱词是这样的：

　　　　奉请玉皇金宝印，羊毛笔下写公交。

　　　　一行不写通州府，二行不写到县城。

　　　　三行不写闲言语，单写信士全家大小名。

　　　　……

　　　　写得齐来写得明，写好要压玉皇印。

　　　　玉皇大印用过了，四值功曹来领文。

　　　　领文领纸上天去，领文领纸上天门，

　　　　弟子鸣角发号送书文。

22. 符印

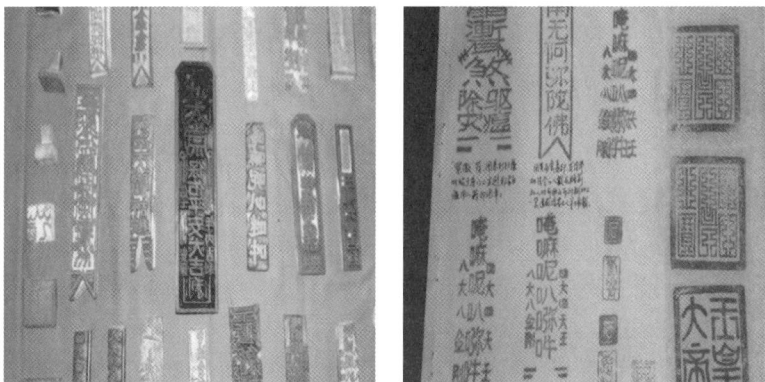

名称：符印。

别名：印板、符母、符式、符板。

苗名：窝扎。

规格：符印的规格有多种，呈长方形的较多，有的带鱼尾，有的不带鱼尾。其中大号的符印长 28 厘米、宽 7 厘米，比如太岁牌位符印等就是这种型号的。中号的符印长 18 厘米、宽 5 厘米，比如"五雷斩煞神符"的符印便是。小号的符印长 15 厘米、宽 5 厘米，比如"紫微神符"等。符的印制有单印的，有组合印的，有押方印的，也有不押方印的，形式较多，根据具体情况而定。

神符的内容有多种，有隔邪的、镇宅的、隔噩梦的、治病痛的、防煞的、保身的、止血的、收吓的、和合的、招财的、防灾祸的、保平安的、斩桃花的等，其术语名称有五雷符、紫微符、斩煞符、结界符、保坛符、安龙符、太岁符、六度符、财神符、辰州符等。

神符是灵界的代表性符号和公文，符式由点、圈、横、竖、斜线、拖勾、螺旋、倒叉、顺8以及有特定寓意的汉语字词组合而成。

神符由书写、印制、墨拓等方法制成，有些神符因为用量较大，光靠书写是难以做到的，于是便有了印板印制。印符之时，同样要用诀法秘咒敕纸、敕墨、敕印、敕符。所用的墨有红、黑、紫、黄等色。不管是用哪一种颜色，都先得在墨中加上朱砂粉。

印符的时候也有很多规款：要戒除荤腥，斋戒沐浴；场地要洁净无染，环境要清静；要摒除杂念，一心不乱，专注于符，观想光明和祥瑞；先烧纸焚香，叩师请符神，然后打笤通呈，奠酒敬供；印好之后，将这些纸符敕于香烟上方，祝神加持，如此才有灵气。有的符还得在特定的法会比如燃天蜡、敬诸天等法会上印制。

23. 纸马

名称：纸马。

别名：神马、功曹马。

苗名：打梅头。

规格：长20厘米，宽13厘米，宽9厘米，是在各种颜色纸上盖功曹纸马的印章，再于其上盖法坛的大印即可。

纸马传说是在巴代主持的祭祀仪式中给送信、传递文书的使者当坐骑的，其以一位

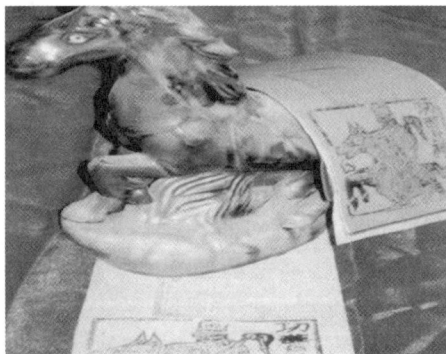

功曹神骑在一匹奔跑着的神马上的图案为象征。传说法坛中的功曹有四大种类（群组），即专门上天庭递送文书的天界功曹，专门入地府递送文书的地界功曹，专门入海域递送文书的水界功曹，专门在陆地递送文书的阳界功曹，即专门在天、地、水、阳当差的四值功曹。关于四值功曹的说法，还有年当值功曹、月当值功曹、日当值功曹、时当值功曹，简称为年月日时四值功曹。传说功曹神往往是由本境内的当坊土地神充当，故有功曹土地、土地功曹

之说。

关于功曹神的唱词有很多，其中之一如下：

天界功曹本姓张，手拿文书走忙忙。

文书递上华山殿，华山宝殿请君王。[①]

地界功曹本性急，手拿文书走飞飞。

文书递上华山殿，华山宝殿请神祇。

水界功曹本姓肖，手拿文书走飘摇。

文书递上华山殿，华山宝殿请神朝。

阳界功曹本姓陈，手拿文书走纷纷。

文书递上华山殿，华山宝殿请神灵。

天界功曹骑凤走，插翅腾飞九霄云。

地界功曹骑虎走，陆路盘山也要行。

水界功曹骑龙走，波浪千层也要行。

阳界功曹骑马走，快马如同风送云。

在发文疏表章的时候，先把纸马铺在香盘之中，放上疏文，念诵有关神咒之后便可火化。

注：
① 君王——指傩公公。

24. 千兵布

名称：千兵布。

别名：千兵簿、武猖布、兵马簿、神兵簿、阴兵簿、神桥布、阴桥布。

苗名：阿炮楼。

规格：千兵布布长 3.6 丈(1 米 = 0.3 丈)到 5.2 丈不等，最短 2.4 丈，宽随长度而定，从 0.6 尺到 0.8 尺不等。

千兵布内所画的全是巴代法坛里的各种兵马神将图案，通常龙首在前，雷神接后，在龙、雷、虎、狮之后有各种形象的兵马官将，有赤身裸体的，有茹毛饮血的，有铐枷打锁的，有抬旗掌号的，有围拿锁监的，有骑马抬轿的，有翻跟倒斗的，有翻天倒地的，有舞刀弄枪的，有舞枪弄棒的，有吞鬼啖魔的，有擒妖捉怪的，等等，都是一些打杀争斗的武士形象。因为在布中画的都是这些兵马官将，故名为千兵布。

千兵布在巴代的祭祀活动中用处是较多的。比如，在传法度法的时候，从屋檐下直到法坛前面用此布铺桥，象征着发兵发马送给(拥护)新投坛弟子，所有的诀法皆从此布桥之上传过去；在中型乃至大型法会中，法坛要造桥造兵时，用此千兵布铺于长凳上表示千兵护堂、万马护殿；在还傩愿祭祀的喷油火打扫灾煞仪式中，将此千兵布沿屋内四周抛撒以追赶、驱除妖魔，然后用此布将一家人在堂屋中围作一堆，再逐个地放出来，并从火红的铧口所燃起的熊熊烈火上跨过，以示消灾；在送神回府的路途中，用此千兵布沿路铺去，并烧香火沿布的两侧插过去，以示千兵万马护送神灵回府；在大赶猖鬼、小隔伤亡鬼的仪式中，用此千兵布满屋抛撒以追杀恶煞；等等。总之，此布既是法坛武力的象征，也是兵马的大本营所在。

25. 符箓布

名称：符箓布。

别名：符箓簿。

苗名：扶。

规格：长 3.3 丈，宽 0.8 尺。

符箓布中收入符箓 108 道，其中符与箓各为

54道。符是一种威力巨大的既能起保护、镇守作用，又能驱逐或镇压邪魔妖怪、凶神恶煞的法物符号，可以制约某种行为。而箓则是记录兵将神员的名称符号，其功用除了能招来该神之外，还能镇凶压邪。如雷龙虎狮箓，除了能招来雷龙虎狮神将之外，还有威镇邪魔妖鬼的作用。符箓是可分可合的法物，故其也被列入巴代法坛的道具行列之中。

符箓布的作用是在祭祀中肃整坛场、加强意念、营造氛围、镇压邪恶。打开符箓布，持咒化水便可增加其灵气。上图之符箓布是打开后再叠成的四方形状，实际上它是卷作一筒的。

26. 法衣一

名称：法衣一。

别名：龙凤袍。

苗名：欧穷。

规格：法衣的规格有大、中、小三种，根据人的高矮胖瘦来缝制。

法坛巴代的法衣有直捆边、弯勾捆边、雕印勾捆边等式样，有绣图案的（如龙虎、龙凤、八卦等）和不绣图案的设计，以及多种缝制方法。不管怎样，巴代一般都是穿红衣的。

法衣在缝制时，要摆利是香米、刀头酒礼，烧纸焚香、叩师请神之后才能开剪裁布。在开剪时要先念神咒：

弟子手拿金剪银剪，不剪儿魂女命，不剪三魂七魄。当剪邪师邪教、邪诀邪法、邪神邪鬼，剪断一切凶神恶煞、灾星八难。弟子在于今后法会堂中，穿着法服，人看不知，鬼看不见。早讲早灵，夜讲夜顺。凶神远离，恶鬼远遁。百无禁忌，大吉大利。吾奉太上老君急急如律令。

凡是在动锣动鼓、吹角鸣号的祭祀中，巴代都要按要求穿着法衣。"造衣"神辞是这样讲的：

此衣不是非凡衣，马明大王三个女。[1]
不知一个病死亡，埋入土中变成蚕。
日里上树吃桑叶，夜间转到土中藏。
土中节节变成长，结成茧球扯绫线，
织成布衣师郎穿。
结成茧来扯绫线，织成绸布缝成衣，
师郎长大身上披。
日里拿来捆别鬼，夜间拿来护我身。
阳人拿来无用处，弟子拿来交钱神。
上去交钱钱也过，下来度纸纸也明。
若有强蛮不服者，师郎发斩在坛神。
弟子造衣完毕了，擂锣擂鼓又来临。

注：
① 马明大王——蚕神名号。

法衣除了表面上有图案之外，其四角还画有四道保身符。

27. 法衣二

名称：法衣二。
别名：红衣、衣袍衣。
苗名：欧巴代。

规格：同上节所述。

本法衣分有图案和没有图案两种。没有图案的用黑布捆边，雕印勾。有图案的为龙凤纹，是绣制品。

在巡坛跳跃或卧地、翻跟斗的祭祀仪式中，要穿没有图案的法衣；在平时的法会中则穿有图案的法衣。

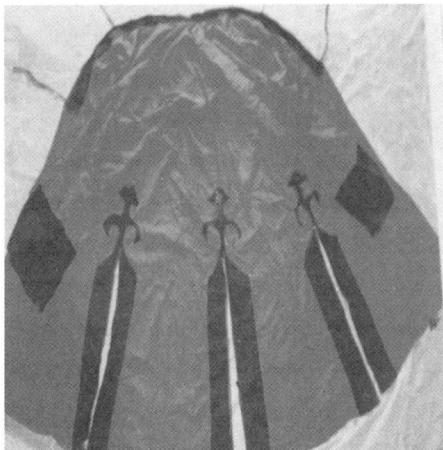

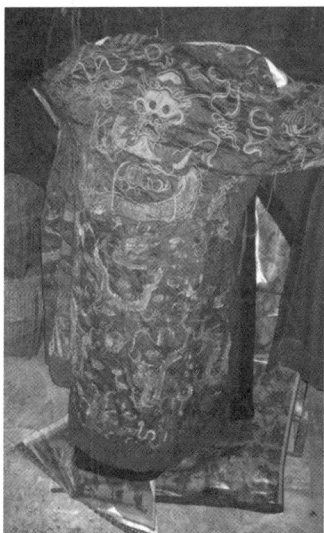

28. 法冠
29. 红巾

名称：法冠、红巾。

别名：日月冠、七圣冠、九神帽、九幅冠、红巾帕、红头巾、冠扎。

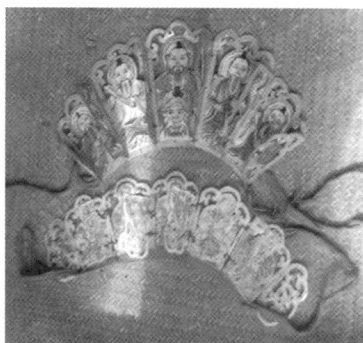

苗名：关抓、笑梅穷。

规格：法冠有7块和9块之别，不管是哪种，都是太上老君居中，其左、右为太上正君、太上道君（这三者合称三清）；再往两边是法主、张赵二郎、护法神；最左边为日，最右边为月。红巾一般长7尺，宽5寸8分，巾内头尾画神符两道。

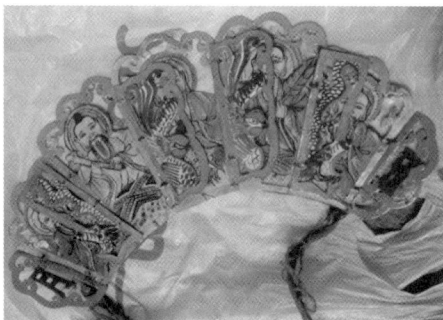

戴法冠时，先要戴好红巾，再戴好折成三角形的冠托（用红纸或者黄纸），最后戴上法冠，系紧扎绳，以免在舞蹈中松脱。有关"造法冠"的唱词是这样的：

此冠不是非凡冠，师郎头戴九圣冠。

师郎头戴五君冠，师郎头戴日月冠。

戴来看天天也破，戴来看地地也崩。

日里拿来看别鬼，夜间拿来护我身。

邪鬼邪神无踪影，凶神恶煞胆心惊。

阳人拿来无用处，弟子拿来交钱神。

上去交钱钱也过，下来度纸纸也明。

若有强蛮不服者，师郎发斩在坛神。

弟子造冠完毕了，擂锣擂鼓又来临。

法冠多用牛皮雕扎而成，有平头的，也有尖头的；有9块的，也有7块的。掌坛师戴9块的，一般巴代戴7块的；在做重要仪式时（如接驾、交牲、呈牲、游愿等）戴9块的，一般仪式戴7块的；新投（新度法）的弟子头三年戴7块的，三年以后才可戴9块的。另外，巴代在过世时，只能戴硬壳纸扎制的法冠，不能戴牛皮扎制的法冠，传说巴代的阴身若戴牛皮法冠是见不到太上老君的。

30. 傩公服

名称：傩公服。

别名：圣公衣、君王衣、神衣、龙袍。

苗名：欧骂糯、欧棍。

规格：长3.8尺，宽适量。

傩公服是专供傩公神穿着的衣服。傩公又叫圣公、神公、君王、岳王等，苗语叫作"骂糯"，全称为东山圣公大帝。

在还傩愿的时候，傩公总是站在傩母的后面，其前面被傩母挡去了一小半，因而缝制者在缝制傩公服的时候一般不会多费工夫，只缝一个套装就行了，这反映出苗族重女轻男、先女后男的母系社会遗风。傩公服的颜色有红色、黄色，也有紫色的，这是根据缝制者的具体爱好来确定的。

傩堂的神衣，特别是傩公傩母的衣服大多数是坛头香火的信士送的，称为谢神衣或谢恩衣。比如在许了求子愿之后真的添生贵子，信士欣喜之下，主动送神衣一套（包括傩公服傩母服，共两件）。信士会在谢恩之前将衣先缝好，并在领口上缝一根小布条，上书"信士某某某会同妻某氏谢恩奉献　某年某月某日"的字样，以写明这套衣服的来历出处。香火兴旺的法坛往往会有好几套这样的神衣。

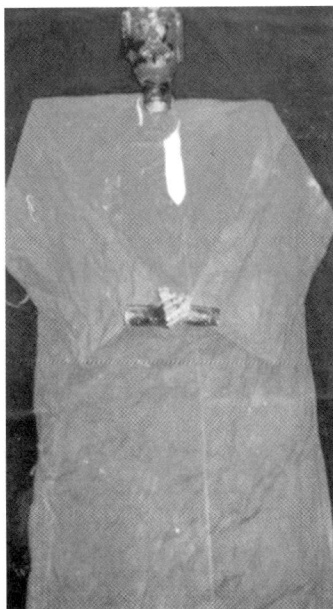

31. 傩母服

名称：傩母服。
别名：神娘衣、娘娘服、龙裙。
苗名：欧内糯、欧拔、欧崩欧录。
规格：长3.6尺，宽适宜。

傩母服是专供傩母穿的衣服。傩
母又叫圣母、神娘、娘娘、神母，苗语
称为"内糯"，全称为南山圣母娘娘。

傩母服的制作工艺比起傩公服的
要求高一些，这里所拍的傩母服照片只
是一般性的制作工艺，是信士谢神所送
的，比这高级的实有不少。实际上，好
的傩母服绣有龙凤花朵，珠光宝气。关
于傩母服的表述如傩公服一样，请参阅
上节内容。

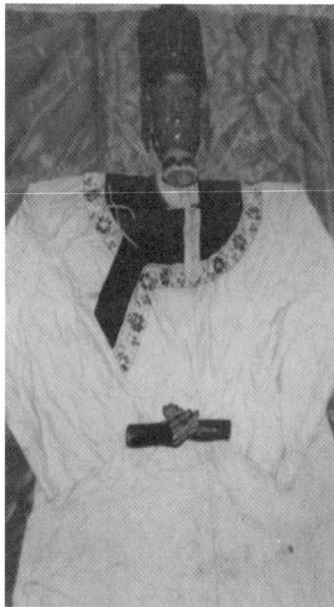

32. 探子服

名称：探子服。
别名：小戏子服。
苗名：欧得棍。
规格：一般长3.8尺，以中等身材的人能穿着合适为宜。

探子服是探子神仪式中所穿的衣服。在傩堂戏子中，探子神是接开洞神
之后出场的戏子神。开洞神穿的是开洞服，探子神所穿的便是探子服。

传说探子神是一个孤儿，从其唱词"从小不得娘喂奶，全靠露水养成人"
中了解到探子神的身世。这是否喻示着世界形成之后人类初始阶段的背景和
象征？对于这点，我们还在考证阶段。探子神出现之后接下来出场的便是先

锋神，而先锋神却是一个女神，这正好与人类远古探索之后出现母系社会、氏族社会的历史相吻合。

探子神来到傩堂的任务是替以后相继出场的戏子们打探清楚户主是否真的还愿，从桃源上来的道路是否畅通，等等。探子神来到傩堂之后，把户主家的瘟疫煞气打探清楚，然后用花棍将这些一一打杀出门，使其不再祸害信士家眷。

33. 先锋服

名称：先锋服。

别名：女神服、女戏子服。

苗名：欧拔棍。

规格：先锋神为女神，所穿的是女人的花衣服，平时没有专门的服装，在哪家还傩愿，便用哪家户主的女人服装来打扮装饰，用完过后便还给户主，因而这里所拍的照片是湘西苗族女人的服装。

先锋神是接探子神之后出场的，两人合称为探子先锋。探子神探清路之后，回到桃源洞向其主汇报，然后由先锋神按其所探的方向路线沿途开道来到傩堂。先锋神的主要任务是开路。这位女神不仅象征着人类初始阶段的母系社会，同时还喻示着苗族先民从黄河流域一路往南方迁徙的背景。

先锋神沿途开路来到傩堂以后，便替户主打扫天瘟地气，消除天灾地

难。先锋神穿着女人衣，将一串绣球花戴于头上，代表女人的头发辫子，双肩各插一面插粑旗来当耳环，双手拿着武猖旗，踱着女人的步子，唱着娘娘腔的调子，摆着女人的架子，替户主扫瘟除怪。

这位女神的开场白和起腔唱词表明了她的身份：

日头落岭夜黄昏，先锋我是夜游神。

虽然不是花会客，花花世界果迷人。

吾乃华山殿上白旗先锋是也！

一朝天子一朝臣，男人装扮女人身。

本是男人穿裤子，变作女人穿花裙。

……

34. 开山服

名称：开山服。

别名：大将衣、将军服、战袍。

苗名：欧盖山。

规格：有大、中、小三种规格，以人穿着合适为宜。

开山神又叫砍山神、张三神、张三哥(因其姓张，排行第三)。此神以勇猛强悍、粗鲁狂妄为主要性格特征，爱讲丑话(淫秽之词)，手拿一把板斧，东砍西斫，鲁莽之极。其神以道白、对答、讲笑、舞脚摆手为主要表现，以替户主砍去天瘟地气、天灾地难、灾煞祸害为己任。此神的出现与前节先锋神正好相反，先锋神以柔为主，开山神以刚强横蛮为主。这是否喻示着人类从蒙昧时期(探子神)到母系氏族时期(先锋神)到野蛮时期(开山神)的发展历程？关于这些问题，想必不久之后定有答案。

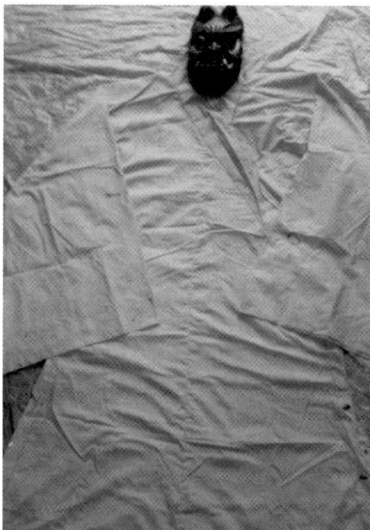

有关开山神野蛮妄为的道白对答和唱词有很多，比如描述该神的唱段是这样的：

开山神来开山神，未曾出洞先告禀。
开山出来讲丑话，不讲丑话神不灵。

丑娘丑爷讲丑人，眼生眉毛七寸灵。
三十六牙盖山口，四根大齿像铁钉。

开山神来开山神，本是前娘后母生。
前娘四子登仙去，后娘五子镇乾坤。

开山强蛮开山强，眼又大来角又长。
吃了三石三斗糙米饭，屙屎飘过九重墙。
大人看见是狗屎，娃儿看见是油麻糖。
拿送他娘尝一尝，他娘也讲是油麻糖。

开山生得猛楼球球，城隍庙内偷清油。
城隍老爷赶上我，我一斧砍断他的鸡巴头！

开山生得麻辣杀杀，城隍庙内偷斋粑，
城隍老爷赶上我，我一斧砍断他的鸟鸡巴！
……

35. 钟馗服

名称：钟馗服。
别名：大鬼衣、伏魔衣。
苗名：欧蒙棍。
规格：以人穿着合适为宜。

在开山神之后出场的有钟馗、小鬼、小将、麻阳铁匠、算命先生等，这五位戏子共同演出一场傩戏。其中小鬼、麻阳铁匠、算命先生这几位只是作为配角，不用穿专门的神服上场。这三神相互戏弄，后被钟馗呵斥赶出，小将神才开始在傩堂表演仪式戏。钟馗是历史上有名的斩鬼镇邪大神，傩堂移植钟馗神来赶鬼压邪，起到悦人慰心的良好效果。

下面是小鬼与小将相互戏弄的几句台词：

鬼：嘻嘻！此处有个洞，此地有根筒。

将：哈哈！一根筒笼进了一个洞，这里拱来那里拱。

鬼：有个毛扯毛。

将：有个筒进洞。

鬼：毛扯毛，出毛毛。

将：筒进洞，出古董。

鬼：怪不得这家人不自在，尽出古怪。

将：此怪不怪也怪，白天怕被人看见。

馗：何方妖孽，如此大胆，吾来也！

鬼：钟馗大神来了，快躲快藏！

将：哪里躲藏，不如快跑也——

36. 八郎服

名称：八郎服。

别名：商人衣。

苗名：欧浓容浓爬。

规格：以人穿着合适为宜。

八郎神是傩堂中的生意神，专做买卖猪羊、斩杀猪羊、分标打散（分配猪羊肉给傩神）的事情，又叫作生意神。

八郎神姓袁，家住江西吉安府，此地为当今之何地，待考。八郎神共有八个兄弟，他排行第八，故称八郎。八郎神腾云驾雾地来到傩堂后，先说原根，然后帮户主喊财宝进家，称为喊财门。喊了财门之后，才正式买猪买羊、杀猪杀羊、分配猪羊肉给各路傩神。其对答、嬉闹的内容十分丰富。一个八郎神在台上，没有两三个小时是不会下场的。

下面是有关介绍八郎神的几段内容：

八郎我是江西人，包袱雨伞出城门。

我打江西城内坐，飞身一步上洞庭。

我娘养我八兄弟，八兄八弟做八行。
大哥云南卖驴马，二哥山西卖绵羊。
三哥江东开当铺，四哥浙江卖砂糖。
五哥广东开酒店，六哥在家看文章。
七哥江湖做买卖，七弟原来各一行。
剩我第八年纪小，安在桃源买猪羊。
自从住入桃源洞，昼夜看书到天光。
日里写来夜里算，加减乘除算名扬。
岳王看我写算好，哪里还愿买猪羊。

37. 开洞服

名称：开洞服。
别名：管洞神衣、道袍。
苗名：呕八卦。
规格：袍式，以人穿着合适为宜。

开洞神是桃源仙洞专门管理傩堂戏子的神，负责打开、关闭洞门。

传说桃源洞内的鬼神都是傩神，而傩神中又有正神和戏子神之分。其中戏子神多为戏弄胡闹之神，即爱吵爱闹多事之神，这类神如果不管理好，让其自由地到人间去，不知要弄出多少坏事来，因而傩公傩母才安排这开洞神专门负责管理，不在还傩愿的时候就紧锁洞门，不放这些戏子神出来。

在请神下马吃完晚饭，做完讨笞、踩标、合标仪式后，即由开洞神打开桃源洞门，放出戏子神，傩戏便开始上演了。

38. 道士服

名称：道士服。

别名：素衣、海青。

苗名：欧道首。

规格：有大、中、小号三种规格。

道士的全称为九州道士，为傩堂中的斋神，又称为苗道神、苗道人，是专门为东家户主安龙谢土的神。在八郎神所主持的杀猪羊、分配给各路傩神仪式以后，傩堂的猪羊就被分别抬到厨房切割下锅去了，这时便有道士或和尚出场，为信士家举行安龙谢土的仪式。

谢土全名为祭谢土府，所祭所敬的是八卦大神，而太极八卦则是道家学说

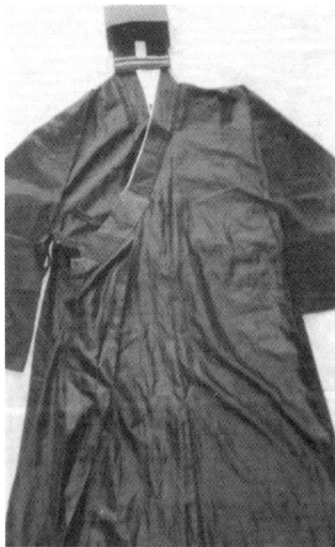

中的内容。谢土本义是指信士家在修造动土之时冲犯土府，因而造成一些灾难，信士通过谢土仪式来消除这种冲犯，以保今后吉利平安。按此本义则应由道士来主持谢土仪式最为合适。

39. 和尚服

名称：和尚服。
别名：海青。
苗名：欧佛向。
规格：有大、中、小号三种规格，以人穿着合适为宜。

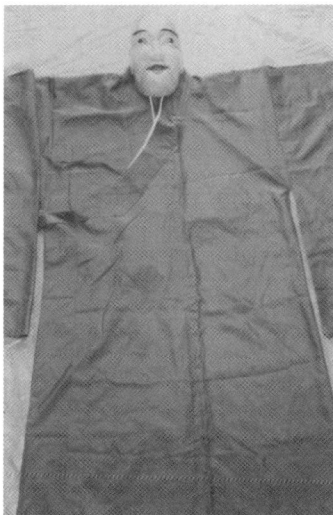

和尚也是傩堂中的斋神，与上节所介绍的道士一样。他的出现是在八郎神之后。在八郎神杀猪羊并将猪羊肉分配给各路傩神以后，傩堂的猪羊就被分别抬到厨房切割下锅去了，这时的傩堂便没有荤腥供品，显得洁净，和尚便出场为东家户主安龙祈福。这傩堂里所谓的和尚(非指佛教的和尚)的唱词也颇有意思：

和尚和来和尚和，和尚也是爱老婆。
自从上山修行后，就是每夜睡不着。
想拿糍粑捏一个，又怕雷公劈脑壳。
想请木匠雕一个，她又是个木坨坨。
想请画匠画一个，夜头睡觉又摸不着。
想请铁匠打一个，她又是一个冷家伙。
想请岩匠凿一个，她又是个硬家伙。
阿弥陀佛那摩佛。

40. 土地服

名称：土地服。

别名：老人衣、老人袍。

苗名：欧剖共、欧偷计。

规格：有大、中两种规格，以人穿着合适为宜。

土地神为一老翁神，在装扮之时可穿大些的袍子，这是因为为了表示驼背，在穿土地服之前可于背后捆上一包草或其他杂物，若衣服小了就不便如此装扮。穿好衣服之后，挂起龙头拐棍，这样才更像老人的样子。

土地神是傩堂的耕作神、农垦神，它的出现，喻示着人类从洞穴居住、围猎捕捞的时代进化到稻作农耕的时代了。土地从地球形成之

时便有了，到了靠农垦耕种为生的时候，已经过了几十亿年，土地神算是年纪很大了，故以老人的形象出现，称为土地老人。

傩堂的土地神是专门为东家户主耕阳春的傩戏子神。它从桃源洞来到户主家中，便要帮户主耕种春季农作物，努力把粮食种好，使东家富裕起来。这种做法从根本上反映出苗族人民世代依靠农垦稻作为生的朴实理念。还傩愿敬神祈福，这种福气并非平白无故、糊里糊涂就能得到，而是要靠自己的双手去辛勤劳动、去耕种才能得到，这种致富的渠道自古以来都是如此。土地老人如此之老，仍然还要种粮，这种脚踏实地、实打实的苦干，才是民族生存与发展的最大法宝。这从实际生活层面剖析了苗族人民祈福的内在实质。

土地神的入场道白也是十分有趣的：

啃啃！啃啃！

人老三不才，屙尿打湿鞋，

讲话流口水，打屁出屎来。

吾乃华山殿上土地老人是也！

世上有穿并有吃，古往今来靠自己。

土地老人百余岁，正好耕田又种地。

41. 判官服

名称：判官服。

别名：官袍、官衣。

苗名：欧乖。

规格：大号官衣。

判官神是傩堂的最后一位戏子神，也是专门负责注销（勾销）户主所许的傩愿并复查户主还傩时所花费的各种供品账目的裁判神。他来判定户主用了多少供品及物件来还这堂傩愿，是否不再欠账了。因为户主在以前由于疾病灾难或者为了求子而向傩神许下了傩愿，其愿标（凭证物）——傩愿已经交送给傩神的"拿愿郎子、收愿郎君"保管，在许愿簿上已经记有这笔账，如今户主已经用猪羊鸡鱼、糍粑豆腐等供品还愿了，判官神便要公正地判定户主已不欠账了。

和判官神一起出场的还有两个小鬼，一个小鬼拿只牛角不时乱吹，另一个小鬼则拿着一面武猖旗不时乱摇，称为"柳判大人带起拿锣掌鼓，抬旗掌号"。而判官神本人则左手拿着一沓纸钱当作簿子，右手拿着一根插粑旗当作笔在纸钱上不时乱画。三人一路从桃源洞走来，来到傩堂中判官神升堂坐下之后，便开始清查户主还愿所用的各项供品是否如数，并一一记入还愿账

中，然后——如数勾销，最后在许愿簿中勾销户主先年所许之愿，这与如今还贷款时销毁凭证的做法一样，可见求神祈福是要遵循一定的规矩的。

关于判官勾愿的唱段有如下表述：

好个大塘拆了坝，好重良愿又无名。

二帝君王后头切莫来反悔，[①]还有柳判在中心。[②]

良愿判官落了簿，此愿落在簿当清。

柳判打开金书簿，一笔勾销了愿神。

还了还了真还了，一笔勾销上天朝。

还真还真真还真，一笔勾销上天门。

还字写得千千万，欠字不留半毫分。

注：

① 二帝——指傩公傩母。

② 柳判——判官神姓柳，故称柳判。

42. 小鬼服

名称：小鬼服。

别名：仆人衣。

苗名：欧得棍。

规格：小号衣。

在傩堂上小鬼是可出现两次的戏子神。第一次是和钟馗一同出现的，称为大鬼小鬼；第二次是与判官神一同出现的，称为判官小鬼，即一个是判官神，一个是小鬼，小鬼是判官神的仆人、随从人员。

小鬼拿着一只牛角不时乱吹，或者拿着一面武猖旗不时乱摇。在缺少人员时，小鬼可一人拿两样，即

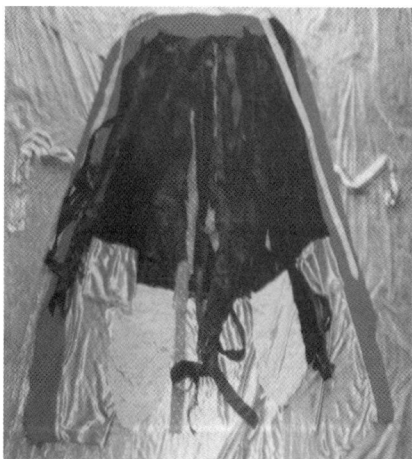

一手拿着武猖旗，另一手拿着牛角，在判官神的前后左右乱窜，还不时地做些鬼脸、滑稽的小动作，故意扰乱判官神，以增加傩堂的趣味。

小鬼在跟着判官神进傩堂之后，还要扮作仆人，站在判官桌前，有意无意地与判官神抢吃喝，神里神气一番。

43. 胸饰

名称：胸饰。

别名：胸挂、魁头、魁面。

苗名：报梅棍。

规格：25 厘米左右见方。

胸挂是挂于巴代胸前以突出仪式主题和创造特殊氛围的一种胸饰图案。此种图案有魁头、虎头、蟠龙等，可单独制作也可直接绣在法服上面。在隔伤亡鬼、赶猖、赶白虎煞、赶天狗、打扫屋、破岩打洞、追魂翻案等特殊的仪式中，巴代不仅要戴上铁三角、用锅底灰画脸抹面、倒披蓑衣，还要挂上胸饰以更加突出主题形象。这胸饰在古代传说中叫作胸护，原来是用野藤条编制的，上漆硬化后刀枪不入，佩戴在胸口前如同盾牌一般，在战斗中能挡刀枪。巴代将其从古代苗族武器中移植了过来，成为在有关镇邪除魔、驱鬼除怪仪式中所披挂的胸饰。胸饰有多种图案，设计时由人确定，没有一定之规，一般多采用或狰狞可怕或威武庄严的面孔图案，比如魁头、龙头、虎面、狮子头、精怪面等多种形象。做法有用布绣或画、用棕片扎制、用布浆壳挑绣、用硬壳纸画等。

44. 伏魔冠

名称：伏魔冠。

别名：鬼头帽、吞鬼帽、镇鬼帽、毛耳帽、牛角帽。

苗名：帽高棍。

规格：有大、中、小三种，以人戴着合适为宜。材质有浆布壳、牛羊皮等。

伏魔冠与上节所介绍的胸饰一样，也是用在隔伤亡鬼、赶猖、赶白虎煞、赶天狗、打扫屋、破岩打洞、追魂翻案等特殊的仪式中，不同的是要配上相应的法服如降魔服等，再拿上相应的道具如蚩尤刀、罩笼、打鬼棒、马鞭等。

45. 和尚帽、道士冠

名称：和尚帽、道士冠。

别名：素帽、修行帽、道人帽。

苗名：冒高服相、冒高导士。

规格：以人戴着合适为宜。

做法有用浆布壳缝制、用夹层布缝制等。上图中，左为和尚帽，右为道士帽，均为本地法坛巴代所缝制的帽子。其并非佛教或道教的冠帽，而是在还傩愿扮演和尚或道士戏子神时所戴的帽子。在安龙谢土仪式中，再配上和尚或道士面具就行了。

46. 洽相服一
47. 洽相服二

名称：洽相服一、洽相服二。

别名：赶猖衣、驱衣衣、杀魔怪衣、蓑衣。

苗名：呕哨。

规格：长 3 尺左右，宽 2 尺左右，肩宽 1.3 尺左右。

洽相服由棕片缝成，古代也有用蓑衣代替的。在洽相或打扫屋、洗除凶地等仪式时，巴代头戴铁三角、身披蓑衣、脚穿草鞋，左手拿罩笼、筛子、簸箕或长刀，右手拿蚩尤棒。先在门外挖一小坑，旁边插一纸剪小人，再插上三炷香。洽相时，摸黑在坑边吹口哨，待起风吹动纸人时，巴代便大声吼：

呕啾！呕啾！倒天盖你！倒地盖你！

东路武猖甲乙木，拿得伤亡上枷锁！

南路武猖丙丁火，拿得伤亡走不脱！

西路武猖庚辛金，拿得伤亡链子捆！

北路武猖壬癸水，拿得伤亡就捆起！

中路武猖戊己土，拿得伤亡埋入土！

一层黄土一层岩，你要翻身翻不来。

翻身要等五百年，五百年前翻不转！

当巴代一吼，拿鸡的人便砍下鸡头，连同纸人一起埋入坑中，巴代掐宝盖诀压在坑上。拿千兵布的人同时打开千兵布，跟随巴代进门去，绕屋内各处赶杀。

在用竹门挡隔伤亡鬼或不让其跟着人们回来作祟的仪式中，巴代装扮成蚩尤形象气势汹汹地站于竹门边，等上山安葬亡者的人们回来。当人们经过竹门时巴代即用罩笼及蚩尤刀猛然赶杀并用"蚩尤神隔"（武圣咒）隔去伤亡鬼：

吽啾！尤兵尤将降来临，五百蛮雷施号令。

尤黎尤将神通显，斩草除根不留情！

尤兵尤将到此间，打杀伤亡显威来。

五百蛮雷打头阵，伤亡鬼魅心胆寒！

尤兵尤将到坛场，吞吃伤亡无处藏。

专杀蛮强妖魔鬼，妖鬼邪魔一扫光！

48. 伏魔棒
49. 斩邪服

名称：伏魔棒、斩邪服。

别名：蚩尤棒、打鬼棒、蚩尤装、蚩尤衣、首领服。

苗名：豆炯、欧棍。

规格：伏魔棒长2尺，棒头直径0.3尺。斩邪服长3.3尺，有布符9道。

在打扫屋或大型驱赶鬼魔的仪式中，巴代在特定的时段要手执伏魔棒、身披斩邪服来主持，这种做法叫作着蚩尤装；巴代打扮成蚩尤模样的做法又叫作"蚩尤戏"。巴代以蚩尤的教法来赶鬼除魔。

在赶天狗仪式中，巴代化装成蚩尤形象，喝道：

尤兵尤将生得强，血盆大口钢牙长，

一口咬死十万鬼，天狗邪魔无处藏。

尤兵尤将生得雄，头戴三角显威风，
霹雳一声天地动，赶杀邪魔永无踪。
尤兵尤将生得恶，鼻子出烟口出火，
铜头铁面钢牙利，天条勒令吞邪魔。

巴代头戴蚩尤帽，脸涂蚩尤面，身穿蚩尤布条衣，再倒披蓑衣，右手拿蚩尤鞭，左手拿蚩尤刀，满屋赶杀，还要不时地打跟斗、翻滚。旁边要有人打锣鼓、撒灰。巴代吼道：

一个跟斗滚上床，天狗吃煞走忙忙，
剖力剖尤来到此，天狗吃煞一扫光！
一个神通大跟斗，天狗吃煞忙忙走，
尤兵尤将齐上阵，天狗吃煞吓打抖！
一个跟斗滚下地，天狗吃煞赶出去，
五百蛮雷打下地，天狗吃煞退万里！

在打扫屋仪式中，巴代口念武圣神咒：

武圣将军本姓太，千年不死时常在，
统领天下神兵将，驱邪扶正保安然。
武真将军本姓尤，千年万代常出头，
若有强蛮不服鬼，押送地府入牢狱。
武威将军本姓立，镇压邪魔杀妖鬼，
雷令风行神通显，保福保安保吉利……

在"出棍西卡"即斩魔煞仪式中，巴代边杀边念武令（蚩尤）神咒：

东路神兵甲乙木，纠游号令斩邪魔，
九千九万九夷兵，保护信士得安乐！
南路神兵丙丁火，剖游号令斩凶恶，
八千八万八蛮兵，保护信士福禄多！
西路神兵庚辛金，剖立剖游施号令，
六千六万六戎兵，保护信士得安宁！
北路神兵壬癸水，剖游号令斩魔鬼，
五千五万五狄兵，保护信士大吉利！
中路神兵戊己土，纠游号令斩妖魔，
三千三万三秦兵，保护信士得安乐！

此时，喊杀声、鞭炮声、锣鼓声、牛角声、撒草木灰及撒五谷合碎瓦片声响成一片，硝烟弥漫，战斗气氛特别激烈浓厚。

50. 火炮

名称：火炮。

别名：地铳、火铳、铁炮、火药炮。

苗名：地庆、炮闹、炮首。

规格：一套共有三个，分有大、中、小三种，大的称大将军，小一点的称中将军，最小的称小将军。

火炮过去多用铁水浇铸而成，当代也有铁匠打制的。

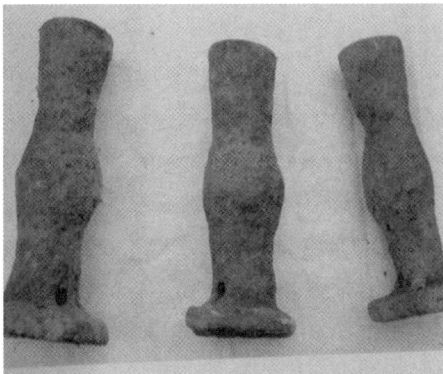

有底座、火药眼、火药膛(炮肚子)、炮身四个部分，其中底座多为四方形，也有圆形，底座较炮身略大些。在半腰处皮较厚，呈将军肚形，可防止炸开。底座上面有火眼，可置导火索，也有直接放一点火药。点着火眼里的火药，可自然接火进到炮膛里面去引爆。

火炮也有三连体的，其中间有一铁柄，以便手拿。三个火炮围在铁柄外面，放炮时，点燃一个便伸手放响一炮，然后再放第二炮、第三炮。

火炮在巴代举行上刀梯、开天门、度亡师、赶魔鬼等仪式中应用，一般以三响为一次，也有九响的，称为三连九炮，是在较大规模的场合中的一种隆重礼节。

51. 中清神轴

名称：中清神轴。

别名：玉清、太上正(真)君、元始天尊。

苗名：打虫宗坛。

规格：长6尺，宽1.4尺。

材质：左图布画，右图纸描。

傩堂的中清神轴是张挂在傩堂后壁上的一组神轴画像，苗语将其称为宗坛（总坛），中间的一幅叫作中清。这组神轴挂在正堂的有五幅，中清的左右两侧各有两幅，挂在门外"五庙"棚子上的有五幅，一共是十幅，为一套。巴代在还三清傩愿时所张挂的神像，称为三清神像。

傩堂神轴还有另外一幅，即巴代在还五通傩愿时所张挂的神轴，称为五通神像。

中清神像本名中清、玉清，实际上是道教里面的元始天尊，全称为"玉清真境清微天宫虚无自然至真妙道元始天尊"。全图共有六层，元始天尊下方分别为阴阳神两位（左右各一位）、三才神（左右各三位）、五帝神（五位）、五方神、四季神。其中阴阳神为阴元素神和阳元素神；三才神为天、地、人三神；五帝神为东方青帝木、南方赤帝火、西方白帝金、北方黑帝水、中央黄帝土，五帝神不仅是五色神——青赤白黑黄，同时又是五行神——木火金水土；五方神为东南西北中；四季神为春夏秋冬。

中清神轴是挂在傩堂后面（正堂）中间的神轴。正堂神轴一共五幅，中清往左有两幅，往右也有两幅。

张挂中清神轴的时候，要先用 1.2 丈长的竹竿横放在穿枋木下面，然后再将神轴依次挂上去，以稍微超过傩洞洞条的高度为宜。

52. 左清神轴

名称：左清神轴。

别名：左一神轴、上清神轴、太上道君神像、灵宝天尊。

苗名：巴尼宗坛。

规格：长 6 尺，宽 1.4 尺。

材质：左图布画，右图纸描。

左清神轴为张挂在中清神轴的左边第一幅，其主神灵宝天尊手执一把如意，其全称为"上清圣境禹余天宫雷霆之祖玉宸道君灵宝天尊"。传说此神是祖劫化生，掌管天经地纬、枢阴机阳、万物造化之宗的道教大神。

此主神像下面共有六层，分别为日月神、两仪神、三光神、五方天枢神、四象神、四维神。

53. 右清神轴

名称：右清神轴。

别名：右一神轴、太清神轴、道德天尊、太上老君。

苗名：剖共巴浓。

规格：长6尺，宽1.4尺。

材质：左图布画，右图纸描。

右清神轴为张挂在中清神轴的右边第一幅，其主神道德天尊手执一把八卦大扇，其全称为"太清仙境兜率天宫大道之祖太上老君道德天尊"。

传说他是楚国苦县曲仁里人，其母见日精下落如流星，飞入口中而有娠，怀胎72年，于李树下剖开左腋而生，此时所生之子已是一白发老人了，其指李树说"此为我姓"，故姓李；生来就白发，又被称为老子，传说其耳有三漏，又号老聃。

传说此神是位不世出的奇人，王圻在《续文献通考》中说：葛稚川云，老子无世不出，数易姓名，出于黄帝时号广成子，周文王时号燮邑子，为守藏史。武王时号育成子，为柱下史。康王时号郭叔子，汉初为黄石公，汉文帝时号河上公。老子被历史上公认为道教之祖，同时也被巴代公认为法坛的宗师、开创人，曾有"天下道教同一祖，世上法坛共老君"的神联与说法。关于道教和巴代的关系究竟谁先谁后，孰根孰苗，从何时分岔等，还有待考察和深思，这关系到传统文化的渊源问题。

右清神轴主神下方也有五层神像，与中清有些相同之处。第一层为造化神，即阴元素神与阳元素神；第二层为三元盘古三元法主神，即上元盘古、法主（远太古——太古代神），中元盘古、法主（元古代——古生代神），下元盘古、法主（中生代——新生代神）。左右两边各有三位神，分别代表两代时期的象征神，即左三位是三元盘古神，右三位是三元法主神。巴代的纪年是上为始古、中为渐古、下为新古。第三层为五老君神，即第一位"青灵始老君"、第二位"丹灵真老君"、第三位"中央黄老君"、第四位"金门皓灵皇老君"、第五位"五灵玄老君"，五老君又称青帝、赤帝、黄帝、白帝、黑帝。第四层为玉皇正教老君门下四界玄法师，即天界玄法师、地界玄法师、水界玄法师、阳界玄法师。第五层为四值神，即年值、月值、日值、时值神。

关于道教之三清是怎么跑到巴代这宗坛里面来的，自有其历史原因和时代背景，对于这些问题，我们权且留给后人来考察定论。下面，我们且把有关三清神的一些神咒介绍给大家，以供研究和参考。

一、玉清神咒

三界之上，梵炁弥罗。上极无上，天中之天。郁罗萧台，玉山上京。渺渺金阙，森罗净泓。玄元一炁，混沌之先。宝珠之中，玄之又玄。开明三景，化生诸天。亿万天真，无鞅数众。旋斗历箕，回度五常。巍巍大范，万道之宗。大罗玉清，虚无自然。至真妙道，元始天尊。（传说住在玉清真境清微天宫）

二、上清神咒

居上清境，号灵宝君。祖劫化生，九万九千余梵炁。赤书焕发，六百六十八真文。因混沌赤文，而开九霄。纪元洞玉历而分五劫。天经地纬，巍乎造化之宗。枢阴机阳，卓尔雷霆之祖。大悲大愿，大圣大慈，玉宸道君，灵宝天尊。（传说住在上清圣境禹余天宫）

三、太清神咒

　　随方设教，历劫度人。为皇者师、帝者师、王者师，假名易号；立天之道、地之道、人之道，隐圣显凡。总千二百之官君，包万亿重之梵炁。化行古今，著道德凡五千言；主握阴阳，命雷霆用九五数。大悲大愿，大圣大慈，

太上老君，道德天尊。（传说住太清仙境兜率天宫）

以上三清神咒，大体介绍了三清神的来历、出处及作用，供给有关爱好者参考，以便研究。

54. 祖师神轴

名称：祖师神轴。

别名：元皇教主神像、启教宗师神像。

苗名：四夫宗坛。

规格：长6尺，宽1.4尺。

材质：左图布画，右图纸描。

巴代法坛自称玉皇正教，又称三清玉皇宝坛，还有的称为玉皇正教、老君门下，统称为元皇教。元皇到底是历史上的什么人，没有古书可以查证，可能是指天上的皇帝或人间的元始皇帝。如果指天上的皇帝则应该是玉皇大帝了，如果指人间的皇帝则应该是三皇或者秦始皇。从其自称玉皇正教又称三清玉皇宝坛等角度来说，应该是玉皇大帝更确切一些。

玉皇大帝，全称为"三十三天昊天金阙无上至尊自然妙有玉皇上帝"。我们前面所介绍的巴代法坛上坛神位中间一行大字为"侍奉上司三十三天昊天金阙至尊玉皇上帝"，就明确地告诉我们，这元皇教侍奉的必是玉皇大帝无疑。

玉皇大帝在巴代宗坛神轴上没有神像，只是写有"元皇教旨"或"三元皇主"字样，是否有意将玉皇明显化呢？这个问题值得思考。因为玉皇大帝是中原文化的学说，苗族自从涿鹿一战之后便开始进入了漫长的大迁徙逃亡时期，不知经过多长时期才慢慢抹平伤痕。苗汉杂居形成文化交融之后，中原文化才渗透进入南方边夷，玉皇大帝的概念也被客师巴代扎移植到苗族的社会生活中来，同时也表明了苗族固有单一的文化受到外来文化的冲击而作出的回应以及它的包容性。在这种情况下，把玉皇写成元皇显得更稳妥一些。

玉皇大帝是中华传统文化观念中最高的神，在巴代法坛有关仪式中是这样描述的：

太上弥罗无上天，妙有玄真境。

渺渺紫金阙，太微玉清宫。

无极无上圣，廓落发光明。

寂寂浩无宗，玄范总十方。

湛寂真常道，恢漠大神通。

玉皇大天尊，玄穹高上帝。

这个"弥罗无上天""无极无上圣"的玉皇大帝，"玄范总十方"，他是住在天上的，巴代法坛将其认宗作祖，除了包容外族文化之外，还有行天道之德的功用。

祖师神轴中的神像共有四层。第一层为五位玄坛法师，即总管五方五位十万八千里境内的坛头香火玄坛法师神主；第二层为左右护坛神；第三层为三界十方行空神马，象征阴兵阴马神；第四层为人间的坛头香火信士人众，表明古代苗族曾是信奉巴代教的民族。

在张挂祖师神轴的时候，首先得看户主家的地楼火炉是在左面还是右面，因为地楼火炉的一面尽头的中柱是苗族人安奉家亡先祖的地方，而中堂所挂在三清之外的左右两幅神轴分别是家先神轴和祖师神轴，家先神轴必须挂在有地楼火炉的一边，祖师神轴要挂在另一边才行。

55. 家先神轴

名称：家先神轴。

别名：家祖神、祖公祖婆。

苗名：向剖向娘。

规格：长6尺，宽1.4尺。

材质：左图布画，右图纸描。

家先祖指信士本家祖先神，按姓氏分别张挂在中堂三清神轴的左边或者右边。因为本地区除了大石（窝罐或窝瓜）以屋的左面安地楼火炉，其他各姓皆以屋的右面安地楼火炉。安有地楼火炉的尽头称为家先神壁，苗语叫作"夯告"，是屋的上首，是安奉家亡先祖的神圣之处。简而言之，凡是大石的信士家还傩愿时，其家先神轴便挂在中堂三清神轴的左边，而其他姓氏则挂在三清神轴的右边。

家祖即信士家里的先人，在请家祖神(将先人称为神，忌讳叫作鬼)的时候，不是查名点字一个一个地去请，而是用通称的方式去请的，神辞如下：

奉请某(姓)门中，历代祖先，家亡先祖，老少众魂。上至高尊祖考，下至玄远宗亲。男昌伯叔，女妹姑嫜。老不真名，少不到此。是其宗支，普同供养。家龛位上，父今母今，前亡后化，少幼一派灵魂。唯愿——去是前前后后去，今时有请一同来。

也有简单请的，如："某氏门中，家亡先祖，家先等众，七代祖公，八代祖婆……"

家先神轴共分五层。第一层为元祖神，明显的有三位神，象征着古代的三苗国，旁边两位小神为侍者；第二层为先祖牌，中间写有"本音堂上历代祖先"，两边各有一行小字，分别为"是吾宗支""普同供养"字样；第三层为香火神，两位分别司香火与灯烛；第四层为仙鹤与梅花鹿吉祥画，中有"安神大吉"字样，象征吉利安详；第五层为人间生活繁荣兴旺图案，有打糍粑、锄地、畜牧养殖、耕田种地等，表明了苗家浓厚的农耕意识及朴素的祈福观念(靠辛勤耕作养殖来发家致富)。

56. 判官神轴

名称：判官神轴。
别名：傩堂法判、大官神。
苗名：麻林乖。
规格：长6尺，宽1.4尺。
材质：左图布画，右图纸描。
判官神是傩堂的裁判神。傩堂经过一天一夜的还愿仪式，最后出场的戏子神便是判官神了。判官神要裁判傩愿是否已经还完了，傩堂的各路神灵肉饱酒醉之后正准备打道回府，不再来烦扰户主，判官神就会提醒各路傩神：你们肉饱酒醉，吃喝的全是东家户主还傩愿的供品，心中有数，以后不许讲冤枉话。

　　判官神轴上所画的两位神可以理解为文武判官，其中文判官是专门按理裁判的判官，而武判官是打压蛮横不讲理的鬼神的判官，讲冤枉话的鬼神是要挨打的。也可理解为许愿判官和还愿判官，即一个专门登记许愿的和一个专门登记还愿的。许愿判官在许愿簿上登记清楚：某年某月某日某州某县某乡某村信士户主某某，因求子或退病消灾而许了傩愿一重(一堂)，已经记录在簿。还愿判官则要在还愿簿上登记清楚：某年某月某日某州某县某乡某村信士户主某某，因求子或退病消灾而许了傩愿一重(一堂)，已予一笔勾销，不再欠愿。除此之外，还有一个隐含的意思，一个判文，一个判武，还了傩愿之后，判官神还要判定是否保佑了户主后代儿孙文武皆发，文登科甲，武出将军，文武双全，荣华富贵。可见，古人设教，其因果是相连的，并且以人性化的观念体现出来。

57. 小鬼神轴

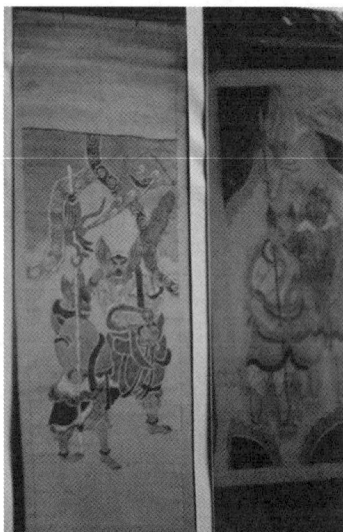

名称：小鬼神轴。

别名：小将鬼、随从鬼、马前鬼、马后鬼。

苗名：得棍、背慢棍。

规格：长6尺，宽1.4尺。

材质：左图布画，右图纸描。

判官和小鬼在傩堂中往往都是同时出现的，俗称"金童玉女、判官小鬼"。前者一男一女、后者一大一小相互衬托，营造出一种特别的气氛。这里的小鬼可理解为小神、仆神和随从神，亦可理解为护法神和警卫神。在张挂时左鬼右判。

58. 二郎神神轴
59. 护法神神轴

名称：二郎神神轴、护法神神轴。

别名：张赵二郎、天王元帅、马温元帅。

苗名：棍吉卡。

规格：长6尺，宽1.4尺。

材质：上两图为布画，下两图为纸描。

传说二郎神和护法神是跟太上老君斗法的张赵二郎神和王关马赵四大元帅。这些都是天兵天将，是巴代法坛的护法神。下面我们简单地介绍一下这些护法神的神咒。

一、王元帅神咒

伏以——赫赫闪赤电，紫气光粼粼，神鞭挥动鬼神惊。神号宣扬山岳动，邪魔妖鬼化微尘。威灵有感，正直无私。一身正气，万道光明。先天御前，拷较铁面王元帅大神敕令。

二、关元帅神咒

奉以——玉泉山上，圣真会中，头顶金冠威灵显，飞舞大刀世无敌。邪魔妖鬼吓胆战，魑魅魍魉连根除。钢心铁胆，铜头铁面，上天武安英济关元帅敕令。

三、马元帅神咒

吾奉——位归南极，号曰灵官。手持金鞭巡世界，百万貔貅前后随。至刚至勇，济死济生。方方护持，处处显灵。三五火车，太极灵官马元帅敕令。

四、赵元帅神咒

伏以——玉皇宝殿，龙虎玄坛，统领天兵天将，皈依大道无极。扫荡天下邪魔，扶持世间正义。猛勇刚强，进宝招财。皈命太上正一龙虎玄坛赵大元帅敕令。

关于巴代法坛护法神王的神咒还有很多，这里不再一一介绍。

关于傩堂中间五幅神轴，不仅在傩堂张挂，在上刀梯时的祖师坛和老君殿也要张挂。至于两侧的护法神王、判官小鬼，则只在傩洞两侧张挂，一边两幅。

60. 五庙神轴

名称：五庙神轴。

别名：四值功曹。

苗名：棍送耸。

规格：长3.5尺，宽1.5尺。

材质：有布画、纸描两种，上图为布画。

五庙神轴是张挂在"五庙"棚子外的神像，通常为四层图案。第一层为骑凤凰神鸟的天界功曹神；第二层为骑虎的地界功曹神；第三层为骑龙的水界功曹神；第四层为拄拐杖的阳界功曹土地神，土地神是骑马的。这天、地、水、阳四值功曹是专门负责给法坛巴代递送文书的，因而挂在门外的"五庙"棚子外面，还有一束纸马搭在一边。

61. 朝王仙官神轴

名称：朝王仙官神轴。

别名：康王神、仙官神、后殿神。

苗名：棍散棍茶。

规格：长 6 尺，宽 1.4 尺。

材质：纸描画。

朝王神是傩堂的后殿神，其座位设在傩公傩母身后，只是在还"云霄愿"或者"五通愿"的时候才张挂此神像，称为"云霄夹朝愿"或"五通夹朝愿"。张挂后还得在下面摆上 6 个用白纸包着的糍粑和一碗插香的米。

62. 祖坛神轴

名称：祖坛神轴。

别名：历代祖本仁师。

苗名：棍空棍得。

规格、材质。

祖坛神轴是在大祭祀中套小祭祀时所用的一组神像。比如在开天门时，堂屋中是亡师灵柩和牌位，只在左右角上设位供奉祖师，此时就得张挂此神轴来象征祖本仁师。

63. 牌位

名称：牌位。

别名：神号。

苗名：葡棍。

规格：长1.2尺，宽2寸。

材质：木片。

牌位有傩堂牌位、燃蜡牌位、宗祭大祭牌位和单祭独祭牌位多种。以傩堂牌位（简称傩牌）为例，共有8块，文字为：

（1）侍奉上司三十三天昊天金阙无上至尊自然妙有玉皇上帝之神位（插于中桌米升中间）。

（2）开荒天下名山大川五天五岳仁圣皇帝五宫五盟皇后夫人之神位（插于中桌米升右边）。

（3）玉皇正教老君门下启教宗师延教宗师演教历代宗本祖仁法派师真之神位（插于中桌米升左边）。

（4）本音堂上历代祖先是吾宗支普同供养前亡后化老幼一派灵魂之神位

(插于祖先神轴下方的供桌米碗上)。

(5)法堂宝殿老堂旧殿上坛七千祖师下坛八千八万兵马南郊大王北郊天子之神位(插于元皇启教神轴下方的供桌米碗上)。

(6)东厨司命太乙府君灶前相公灶后夫人搬柴童子运水郎君灶公灶母灶王大神之神位(插于灶台香米碗上)。

(7)下坛长生土地端庆夫人五方五位五土龙神招财进宝地脉龙神之神位(插于下坛的甑子里面的香米碗上)。

(8)门外虚空无边真宰飞空过往纠察善恶天地水阳四值功曹七十二庙神祇之神位(插于门外"五庙"里面的米碗上)。

以上所列,只是傩堂之内的牌位,还有燃蜡、上刀梯、度亡师、洗阳解锁、扫污荡秽、移星换斗、烧包化财、度关解煞、安坛度法等仪式所用的牌位,在此不一一列举。

法坛巴代所用的牌位除了呈现令箭形状之外,还有乒乓球拍形的、长方形的等。其两边画龙,上有魁头,魁头口中伸出条状形红板,上书神号宫口(神灵的名号)。也有的法坛使用纸质牌位,随用随写,完毕后烧掉。纸质牌位用红纸折成令箭形状的长条纸袋并用糨糊粘牢,写上字后将香插入纸袋中,再将纸袋插于香米上即可。

牌位大多插在香米碗上,也有的插在特制的基座上。基座有单体和连体两种,单体基座只插一块牌位,连体基座可插多块牌位。

64. 老君像

名称:老君像。

别名:太上老祖、太上宗师、太上师尊。

苗名:剖共巴浓果、剖共兄先。

规格:高0.6尺。

材质:铜铸与木雕像多种。

太上老君不仅是道教之祖,而且也是法坛巴代教的宗师、创始人。传说客师巴代扎的教法是跟太上老君学的,太

上老君的肉身凡体是楚国苦县曲仁里人，而楚国正是古代苗族的国度，说明太上老君也是苗族人，因此说客师巴代扎是太上老君李聃所传也就有理由了。我们不知道古代的楚国讲不讲苗话，那个时候是否已经形成了苗汉杂居的社会现象，是否已形成文化交融而出现专讲汉语的客师巴代扎，但是到中华人民共和国成立甚至今日湘西苗族都一直是讲苗话的，那时苗寨能听懂汉话的人除了客师巴代扎以外少之又少，更别说识汉字了，这是事实。

传说张赵二郎在太上老君处学法，被太上老君的女儿花林姊妹看中了，相互爱慕不已，而太上老君又舍不得将自己的一双神仙女儿许配给一凡夫俗子，于是想方设法加害于他。在花林姊妹的暗中帮助下，张赵二郎过了数道斗法难关，最后才学得了真法正诀。这仅仅只是一个传说。但在客师巴代扎的所有神咒诀法中，几乎每篇都有"吾奉太上老君急急如律令"这一句话，每到请师或请神的时候都要请到太上老君，这些都说明客师巴代扎与太上老君有着密不可分的关系。

在祭祀中，太上老君的神像是坐在香火碗上面的，有单独的木雕或铜铸神像，也有连雕在印章上或蚩尤棍上的多种式样。雕在印章上面的称为老君坐印，雕在蚩尤棍上面的称为祖师棍。太上老君神像是祭祀神坛的神圣法物。

65. 傩公头像
66. 傩母头像

名称：傩公头像、傩母头像。

别名：傩头。

苗名：比傩。

规格：有大、中、小三种规格。大号是在本村用的，中号与小号是外出较远为了方便携带而用的。还有，大号与中号在傩堂内用，小号则在"解天狗"或"敬楼神"（求子）等中小型仪式中用。过去的"游傩打卦师"也多用小号的傩头。

傩公称为"东山圣公大帝"，简称"神公""君王""皇王"。傩母称为"南山圣母娘娘"，简称"神娘""娘娘"。关于傩公傩母的传说有很多，有的传说是伏羲女娲，有的传说是中华五岳神王，等等。但在湘西流传的古老传说中，说他俩是天神窝毕的两个小孩（兄妹）。传说天神窝毕与雷神窝耸斗法，雷神要劈死天神，而天神窝毕事先在自己的房屋顶铺上滑树皮，致使雷神窝耸一飞到屋顶还没来得及举斧动凿便滑倒掉落下来。窝毕将其当场抓住，关在家中的铁仓之内。窝毕为了彻底制服窝耸，要到很远的地方去挑盐回来腌死窝耸，他临行前吩咐他的两个小孩说："窝耸已被我关在铁仓之内，我出门后，他和你们讨要什么都不要给他。"窝毕走了以后，窝耸在铁仓内对两兄妹说："小朋友，请给我一个火籽吸烟好吗？"两个小孩不搭理他，后来他一再讨求，两兄妹觉得过意不去，最后还是给了他一根熄灭了的柴棒头。窝耸得了柴棒头，用神气吹燃，得了火种，只听得轰隆一声巨响，窝耸劈破了铁仓，飞腾上天去了。为了报复窝毕，窝耸接连下了九天九夜的大雨，使得凡间的积水一直涨到了天上，出现了满天水，凡间的人全部死光了。因为兄妹俩送窝耸柴棒头，窝耸不忍心淹死他俩，于下雨前送了他们一粒瓜子，叫他们种在地下。瓜子很快长出瓜藤并结出一个很大的南瓜来，大水淹没时兄妹俩坐在南瓜上随水飘荡，幸免不死，洪水退去时，凡间只有他们两个人了。窝毕回来后，无奈之下，要其两兄妹成婚以续人种，两兄妹不依，于是窝毕在东山顶上扯下已经劈破成两块的竹块，而到山下竹块自然相合成一根；窝毕又在南山顶上一前一后地滚下两扇磨盘，而到山下磨盘自行相合成一副。在这种天意的撮合下，两兄妹便成婚了。兄长懂事些，羞得满脸通红，小妹却年幼无知。婚后孕生肉团，被窝毕用刀切割成很多小块，丢弃依附于四野的自然物上而生化出 148 姓人类，比如依附于岩板上的化成石姓，依附于李树上的化成李姓。后来兄妹俩被人们尊称为傩公傩母，接受百姓千家万户的香火供奉。苗家将其称为"阿剖阿娘"，即祖公祖婆之意。

从还傩愿所请的第一段傩神名中，傩公傩母是以五岳神王的身份出现的：

奉请开荒天下名山大川，东岳齐天、南岳安天、西岳金天、北岳司天、中岳中天大帝、桃盟皇后、松盟皇后、金盟皇后、正盟皇后、五宫五盟皇后，五天五岳圣帝夫人、东山圣公大帝、南山圣母娘娘……

傩公神像满脸通红，长胡子，头戴二龙抢宝神冠。傩母神像为桃花脸，头戴双凤朝阳神冠。立傩时，神娘总是站在有地楼火炉的一边，供奉她的是猪肉；而神公总是站在她的下首，供奉他的是羊肉。神娘在前；神公站后，护卫娘娘。

67. 开洞神面具
68. 探子神面具
69. 先锋神面具

开洞神　　　　　　　探子神　　　　　　　先锋神

名称：开洞神面具、探子神面具、先锋神面具。

别名：傩戏子老大、傩戏子老二、傩戏子老三、幼童戏子（指探子）、女戏子（指先锋）、女人面（指先锋）。

苗名：棍布竹、背慢棍、拔棍、报梅棍、嘎刀嘎排棍。

规格：人脸大小，戴后可覆盖整张脸。鼻眼嘴皆有口，装扮人戴上面具之后可见路、可透气、可说话。

傩堂戏子出场的先后顺序为：①开洞神；②探子神；③先锋神；④开山大将、小将、钟馗；⑤算匠神、铁匠神；⑥八郎神；⑦和尚神、道士神；⑧土地神；⑨判官神。若有时间还可扮师娘等。由于各地教法有些差异，戏子或多或少没有定数。

开洞神面具是男士脸面。开洞神喜爱开玩笑，不时露鬼脸来逗引别人，其最明显的标志是舌头伸出嘴外（有的坛可能也有不伸出舌头的）。开洞神的主要任务是打开桃源上洞、中洞、下洞的洞门，请出傩堂戏子。其神辞如下：

奉请二十四标四戏，耍戏郎子，耍笑郎君。开洞郎子，闭洞郎君。傩扎探子，白旗先锋开山。大将小将，算命先生，麻阳铁匠。把簿城隍，界兴八郎（一说为买牲八郎）。神州和尚，梁山土地，耕田种地，勾愿判官。傩前七千雄兵，傩后八万猛将。左边合坛，右边合鬼，下坛踏林土地。拿愿郎子，收愿郎君。请到上洞中洞下洞桃源，五岳尖山，五岳平山，华山庙前庙后，华山庙左庙右，千年本堂，万年本殿。有车上车，有马上马——

开洞神要将傩堂的戏子神（术语称为"二十四戏，耍戏郎子，耍笑郎君"）逐一进行调戏一番，再分别一个或一对地请出洞门，把面具从傩坛前的长凳上逐个地搬到门外的五庙棚里，待戏子神们逐一来到傩堂表演一番之后一齐回府。将所有戏子神请出来后，再逐一关牢并锁好上中下三个洞门。这就是开洞神的具体任务和内容。开洞在一定程度上象征着世间形成时期的造化背景。

紧接开洞神之后出场的是探子神。探子神是一位幼童神，头上扎有小发球，手执一根探路的花棍。此神出场的主要任务是前去打探某州某县某地某处是否真的有这么一家信士在还傩愿，这路要从哪里走，这家信士户主到底有些什么样的瘟疫时气、灾星八难。然后回去汇报，好让后面出场的戏子神们来帮助信士家赶走病痛，将瘟疫时气等驱除打扫出门，以免这些再来祸害信士家。传说此神是一个天地造化儿，没爹没娘，是吃露水长大的幼童神。这一角色象征着人类初始时代背景。

先锋神是一位女神，也是中年妇女，她着女人装出场。这一角色象征着人类母系社会背景。她以傩堂的插粑旗为耳环、绣球花串为辫子，左右手各拿一面武猖旗，称为"白旗先锋"。此神的主要任务是用手中的两面武猖旗将户主家的瘟疫时气、灾星八难打扫出去，同时把金孙银儿、麒麟贵子、五谷六畜、人丁财宝等从外面扫进家中，让信士家还过傩愿以后大发兴旺、富贵双全。

70. 开山小将神面具
71. 钟馗神面具
72. 开山大将神面具

开山小将神　　　　　　钟馗神　　　　　　开山大将神

名称：开山小将神面具、钟馗神面具、开山大将神面具。

别名：砍山小鬼、大小鬼、吞鬼大王。

苗名：界三、嘎刀棍、报梅棍。

规格：以人脸能戴为宜。

开山神是傩堂最为顽皮、勇猛、蛮强的一位将军神。这一角色象征着远古人类由蒙昧时期进入野蛮时期的社会背景。此神最明显的标志就是头上有角，小将神有一只，大将神有两只，其头角也在喻示着人类在野蛮时期于世间崭露头角，超越其他一切动物，用人特有的智慧和武力征服一切而成为世间万物的主宰。

开山神一组包括诸多戏子神，他们分别为开山大将、开山小将、钟馗、算命先生和麻阳铁匠等。先是大鬼小鬼嬉笑出场，喻示着人类初始时代蒙昧无知；后被钟馗降服，喻示着人类渐渐步入征服一切的时代。接着开山大将步出门外告宾，用浑蛮的唱腔唱词向傩堂的宾主众人打招呼，唱词大意是他开山大将要出场了，他是专门讲丑话的戏子神，要姑娘姊妹女眷们暂时避开一会儿。之后，便双手拿着烧燃了的纸钱进入傩堂乱舞猛耍，到傩坛取得了板斧，退回门外用斧背敲打户主的左右门框，讲一阵丑话之后驾云进屋，打一套"四方拳"之后又讲歪理丑话，嬉笑玩弄一阵之后将斧丢下，谓之丢失，东找西寻无着落，才去请算命先生掐算。算命先生算出是丢在东洋大海中了，于是开山大将在东洋大海中找回了斧头，但已被螃蟹夹缺了一只角，无奈之下，才又去请麻阳的铁匠来修整……如此无理取闹好一阵之后，才去帮户主砍掉天瘟地气，再给岳王上香后退场回府。

开山大将在说原根的时候是这样唱的：

自从不到傩堂内，君王要我说原根。
葫芦有根话有把，水有源头木有根。

万丈高楼从地起，从头一二说分明。
有名才到金宝殿，无名不到此傩坪。

家住梁山所依寨，地名叫作张家村。
我娘本是唐家女，我爷本是张家人。

唐家女、张家人，良缘凤缔结为婚。
唐家女、张家郎，前世注定二鸳鸯。

我娘养我三兄弟，三兄三弟通有名。
大哥上天保玉帝，二哥地府护阎君。

剩我第三年纪小，把我安在桃源门。
把我安在桃源洞，哪里还愿砍天瘟。

丑娘丑爷养丑人，眼生眉毛长七寸。
三十六牙开山口，四根大齿像铁钉……

73. 八郎神面具
74. 和尚神面具

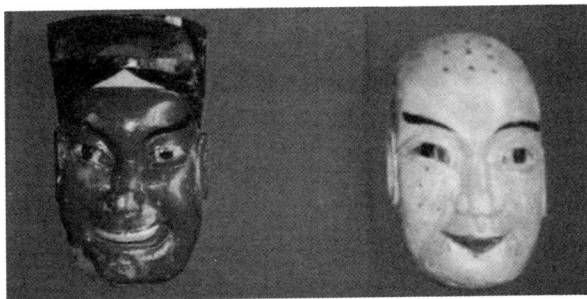

八郎神　　　　　　　　　和尚神

名称：八郎神面具、和尚神面具。

别名：生意神、商业神(指八郎)，谢土神、安龙神(指和尚)。

苗名：棍浓容、棍浓爬，棍色土。

规格：以人脸能戴为宜，其眼、鼻、口皆有小口，以便观看、透气和讲话。

八郎神是傩堂的一位做猪羊生意的戏子神，同时也是一位杀猪宰羊的屠夫神，其任务是把东家户主购买的猪羊宰杀之后分配给傩堂的各路神灵。

传说中的八郎是江西人，家住江西吉安府，姓颜。颜家有八兄弟，他是最小的，排行第八，故称八郎。八郎神在说原根的时候讲，在秦始皇抓丁拉夫修筑万里城墙的时候，其家有八个兄弟，是抓丁的重点对象。为了躲避抓丁，他从江西逃到了桃源洞内。因为终日无事可做，便学做文章、学习运算，当他精通算术后被岳王委派在傩堂专做买猪买羊的生意。可见，傩神要吃猪吃羊，还巧立名目曰买，可谓掩耳盗铃，同时也显示古人还是强调要有人性，不能白吃。关于八郎讲述其逃躲抓丁拉夫的唱词如下：

> 因为秦王行无道，抽丁要筑万里墙，
>
> 家有三个抽一丁，若有四个抽一双。
>
> 三抽一来四抽二，八兄八弟抽四强。

避秦住入桃源洞，坐在桃源隐处藏。

坐在桃源无别事，昼夜看书到天光。

日里写来夜里算，加减乘除算名扬。

岳王见我写算好，安在傩堂买猪羊……

八郎神在傩堂戏子中是出场时间最长的一位，该神除了演唱路程词、进门词、原根词等内容之外，还要替户主喊财门、看猪羊、谈货讲价、称金算银、杀猪宰羊、分标打算，然后还要演唱猪羊鸡鱼四牲原根，最后才辞别回府。扮演这位戏子神的时候，往往要两人接替上场才能完成。八郎神的出现，喻示着人类进入物质文明交易的时代。

和尚神本是佛教弟子，其三皈五戒中头一大戒就是不杀生，而傩堂祭祀却偏偏是杀生害命的场所，不仅宰杀生灵，而且还杀得很多，双猪双羊加上鸡鱼共有 6 条生命。可是出现在傩堂的偏偏是这不杀生害命、大慈大悲、修身养性的大善哉和尚。这和尚神是怎样被塞进傩堂、列入傩神的？当时的时代背景和社会环境是怎样的状况？这些问题值得我们细细考究。为了处理好前述的这些矛盾，和尚神的出场被安排在八郎神杀牲分割之后、猪羊鸡鱼被搬去厨房切割烹煮、傩堂处于没有半点荤腥的环境中，体现出了斋是斋、荤是荤、无杂无染的分明事态，同时也喻示着物极必反、恶极必善、熄火降温、协调通关的规则法理。

和尚神的唱段也是妙趣横生的：

先唱：一根棍子两头溜，拿去东家打门狗。

　　　户主今日还愿了，我挑得一挑大猪头。哈哈……

众骂：出家人挑猪头，骚和尚，赶出去！

后唱：一根棍子两头溜，拿去东家打门狗。

　　　户主今日还愿了，挑得一挑的斋油。哈哈……

和尚神的出现喻示着人类进入人心向善的时代。

75. 土地神面具
76. 判官神面具

土地神   判官神

名称：土地神面具、判官神面具。

别名：土地老儿、老翁神、白胡子(指土地)；大官神、横官、柳判神、柳判大官人(指判官)。

苗名：偷计、剖共偷计，蒙乖蒙度。

规格：稍大于人脸。

土地神是以一位老者的形象出现的，他的出场道白足以表明他的身份："人老三不才，屙尿打湿鞋，讲话流口水，打屁出屎来。"

传说土地神是四川成都府人，姓肖。其母祝氏，前娘后母共养了9个兄弟，他的排行最小，是九弟。唱词如下：

家住四川成都府，大岩脚下是家门。

我娘本是祝家女，我爷本是肖家人……

土地神来土地神，本是前娘后母生，

前娘四子登仙去，后娘五子镇乾坤。

大哥天门为土地，二哥地府土地神，

三哥城隍为土地，四哥当坊土地神，

五哥铁山为土地，六哥岩山土地神，

七哥菜园为土地，八哥桥梁路道神，

剩我第九年纪小，安在傩堂耕阳春。

土地神的老人身份喻示着土地的古老。从开天辟地以来就有土地，而傩堂将土地神人性化了，使他以老人的身份出现，并且还有土地老人论寿岁的说法。唱词如下：

土地神来土地祇，要把寿岁论一回。

土地老人一十一，双手扯娘讨奶吃，

二十二，单身出门不怕事，

三十三，一槌打断铁门闩，

四十四，抬得犁耙跨过刺，

五十五，扒得龙船打得鼓，

六十六，排天喝酒又吃肉，

七十七，盘着头发挽绞髻，

八十八，一口牙齿像大耙，

九十九，龙头拐棍不离手，

缺少一岁登一百，光是吃得做不得，

土地老人一百一，人家讲东我讲西，

一百二，滴水担前走不到，

土地老人一百三，双手摸地不见天。

土地老人来到傩堂是专门给户主耕春种粮食的。陪同土地老人一起出场的还有大老婆"乜共熟"、二老婆"乜共巧"、三老婆"乜共让"以及装扮牯牛的小孩等。这喻示着苗家世代农垦，勤劳致富，享受天伦之乐的朴实风格。

判官神是以官人身份出现的傩堂戏子神，他的出场道白词充分体现出了他的身份：

人人皆知为官乐，谁知官人事事忧，

上笔写金，下笔写银，

真是一身的米汤，实乃一肚的文章，

好一个混官，实乃一个大官。

吾乃华山殿上柳判大人是也！

传说判官神姓柳，人们将其称为"柳判神"或"柳判大人"。他的主要任务是替东家户主勾销先前所许之傩愿，同时又是户主还愿的见证人。他把原来户主向傩神所许的傩愿从傩神的许愿簿中划掉（勾销），以免日后傩公傩母说户主还欠他们的傩愿未还。其代表性唱词如下：

还了还了真还了，一笔勾销上天朝。
还真还真真还真，一笔勾销上天门。

还字写得千千万，欠字不留半毫分。
二位皇王莫反悔，有我柳判在中心。

柳判神来柳判神，勾良勾愿是正神。
柳判打开金书簿，一笔勾销不留情。

杀猪宰羊还愿了，众位神灵记在心。
还愿道场完毕了，勾销良愿转回神。

神灵回到桃源洞，户主人财大发兴。
天增岁月人增寿，春满乾坤福满门。
下图是傩堂戏子神的另一套木雕面具。

77. 开山斧

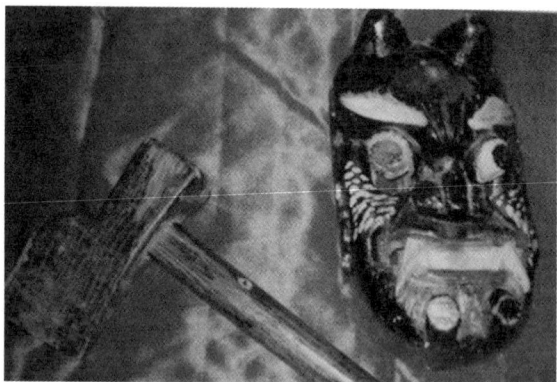

名称：开山斧。

别名：张三斧、大将斧、神斧头。

苗名：窝到棍、得到界三。

规格：斧把长 12 寸，板斧长 6 寸、宽 3 寸，与本地木匠所用之斧形状相同。除了用开山斧，也有的坛用花头斧、砍斧或圆刃斧的，各坛形状不一。

开山斧是开山神拿在手中舞动表演的主要道具。开山神从头到尾都是在说开山斧的这个主题。关于开山斧的唱词如下：

此斧不是非凡斧，千斤毛铁打把斧。

左边二十四人打，右边二十四人夹。

二十四人抬不动，张三我轻轻放在手中拿。

此把不是非凡把，天下硬木第三丫，

斗了把，下了尖，拿在手中用万年。

左又磨来右又磨，磨得斧头两只角，

左又镗来右又镗，镗得斧头亮堂堂……

开山神用开山斧为户主砍走凶神恶煞。俗语说"人怕恶，鬼怕硬"，凶神恶煞也惧怕横蛮勇猛的张三神。

78. 打神鞭

名称：打神鞭。

别名：铁鞭、灵官护法鞭。

苗名：窝刷梅。

规格：长约2.4尺，本为木制的神鞭，照片上的竹鞭只是替代物，不是常用的打神鞭。

打神鞭用在破岩打洞、追魂翻案等较大规模的仪式中。巴代先用竹鞭抽打，不得顺签者则改用此鞭打，即可不用再来打签问事了。神咒表明，此鞭是借用灵官赵大元帅之神鞭：

奉请龙虎山头，玄坛赵大元帅。

三眼圆明观世界，手执金鞭伏邪魔。

若有强蛮不服者，金鞭打下化微尘。

斩草不留根，打鬼不留情。

专打天下凶恶鬼，剿灭世间邪恶神。

吾奉张大天师急急如律令。

79. 祖师棍

名称：祖师棍。

别名：龙头拐棍、葫芦棍。

苗名：把拿棍。

规格：长 3~4 尺，以人拄杖合适为宜。

祖师棍是祖师法力的象征。其形状多样，有龙头祖师棍、太上老君立体像祖师棍、包罗万象祖师棍、葫芦祖师棍等。此道具主要用于在上刀梯穿街、度亡师立营扎寨等大型场合中引领有众多巴代的队伍。在还傩愿时土地神可将其当拐杖拄，在送神、烧包化财等场合中用来化火墀、掐土地，不让猪狗等六畜拉屎拉尿污秽场地。

祖师棍在实际行持中多由掌坛师执定，但是大场合会有很多的巴代参加，此时多由头师拿祖师棍、二师拿长刀来维持整个队伍。

80. 长刀

名称：长刀。

别名：斩鬼刀、祖师刀、蚩尤刀。

苗名：窝同棍。

规格：长刀长 3.3 尺，刀把圈直径 0.35 尺，刀面宽 0.15 尺。带木把的祖师刀长 6.3 尺，上刀片长 1.3 尺、宽 0.3 尺，下铁叉长 0.9 尺。

长刀是在赶猖、打扫屋、穿街过法等较大的祭祀仪式中所用的道具；祖师刀则是在穿街引路、立营结界、度亡师等大型活动中所用的镇邪道具。届时，头师往往拿着祖师棍，二师拿着祖师刀或长刀，在行走时竖扛于肩上。到行法的场地时将长刀插竖于土中，在人多的场合中要插高一些，使其较为显眼。

81. 罩笼

名称：罩笼。
别名：饭笼、隔筛。
苗名：包龙、笑渣。
规格：直径为 1.2 尺的圆形窝笼。
下图中所拍的罩笼为隔筛。过去多用装饭用的窝笼，如今装饭多用瓷盆或者塑料盆，竹制的窝笼几乎找不到了。罩笼是在赶猖鬼时用来捉拿鬼魅的道具之一。届时，将两面武猖旗插在罩笼背面上，巴代用锅底灰涂脸画面，头戴铁三角，身披蓑衣，左手拿罩笼，右手拿蚩尤刀（长刀）或蚩尤棒（打鬼棒），或用力顿脚怒吼，或打跟斗满屋赶杀猖鬼恶煞，跟在后面的人不时地放鞭炮、撒草木灰，呈现出打杀格斗的情景。巴代用此特殊而形象的手段和方法，将躲在信士家中为殃作祸、兴风作浪的魑魅魍魉、凶神恶煞、灾星八难全部赶杀出去，从气氛和形式上满足了户主祈福保安的心态。

82. 长凳神马
83. 兵马桥

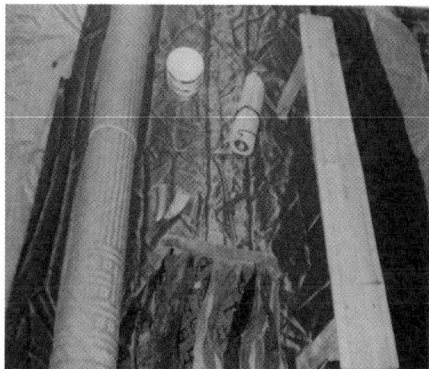

名称：长凳神马、兵马桥。

别名：长板凳、神桥。

苗名：得肥。

规格：通常所用的长板凳（上图之右）。长约3尺，宽约0.5尺，高约1.2尺。

兵马桥由上图的长凳神马（用长凳来象征神马）、马脚（在长凳的四腿处倒扣四个碗来象征马脚）、卷成一筒的睡席组成。在睡席筒上铺千兵布，再于行兵布中间扑放两块筶子，将手牌横架于筶子上，象征骑在马鞍上面的兵将神员。最后将缯旗横摆在尾部以象征马尾。这样，一座由阳间通向阴间的神桥便在人们眼前展现出来了。这种摆设主要在中、大型法会中应用，名曰"造马、造桥、造兵"和"报兵（调兵）、安隅、接兵"等。从有关神辞中我们便可知道一些大意。

造马：

此碗不是非凡碗，岳州岳县出铜碗。

阳人拿来无用处，弟子拿来造马脚。

造鞍：

搓了三十六条索,编了三十六条席。

别人拿来无用处,弟子拿来做马鞍。

造桥:

架桥架到东岳府,东岳金阶架桥头,

东岳金阶架金轿。

千兵搭我桥上过,万马搭我桥上行。(五方相同)

　　兵马桥除了用道具架设之外,还有用竹篾编制扎成竹桥的,即用12根长1.2丈的竹篾扎成12格、宽0.12丈的桥面,在桥格子(桥弓)的两边挂上纸马,架在巴代法坛上空,以便阴兵阴马通行。

84. 围桌

　　名称:围桌。

　　别名:挡神桌布、围桌帐幔。

　　苗名:窝洽几北。

　　规格:围桌的大小一般以能围挡遮盖住大桌子为宜。长约 3 尺,宽约 2.4 尺。

　　围桌的要求和设计是比较讲究的,因为它要围挡在神桌前面,位置在正中且显眼,所以才有一定的要求。一般多为八卦、二龙抢宝、双凤朝阳、野鹿含花、梅兰竹菊等图案,有的则是虎王面、雄狮、魁头等图案。有素描画,有彩色画,也有针线绣制的。围桌也多是信士等感谢神恩而送的,如上图中,两边的飘带写有"神恩浩荡　信士某某某虔诚谢恩　某年某月某日致谢"等字样。围桌不仅起到使神坛显得庄严的作用,而且还是巴代法坛香火兴旺的象征和见证物。

85. 铧口

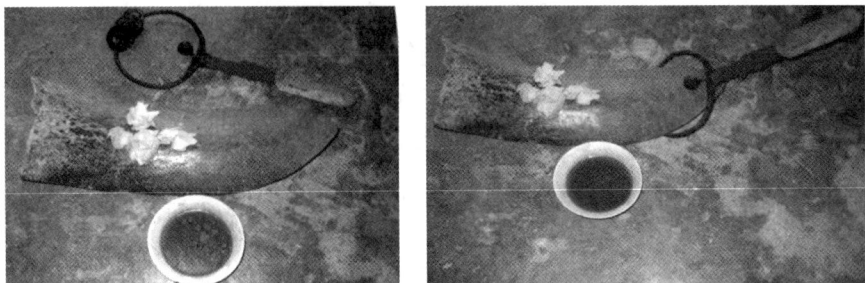

名称：铧口。

别名：铁犁。

苗名：闹力。

规格：长1.4尺，宽0.6尺。有鸡嘴和鸭嘴两种，为凸背状、弯曲，是平时用来犁田的铁犁。其用生铁水浇铸而成，质地非常坚硬，但易破碎，不如熟铁韧性强。

铧口用在打扫屋赶鬼、赶猖等法事中。它在祈求祛病保安的还傩愿仪式中是必不可少的道具器物之一。届时，用稻草搓绞成索紧紧缠绕于铁犁上，缠上两层后放在大火中，将铁犁烧得通红透亮。巴代徒手将铁犁从熊熊烈火中拿出，放在火炉边，用手抹去上面的灰，然后一手拿起或用嘴咬起犁尖，一手托住犁身走去堂屋，绕堂一圈后于傩坛前放下，把浸透了清油的纸钱坨放在犁尖上，即燃起冲天火焰。巴代用师刀圈套住犁尖并将其端起，着一个人拿一碗清油跟随，巴代不时将清油含于口中并喷在犁口的火焰上，犁口腾出烈焰。巴代满屋子追赶喷火，最后回到堂屋中。此时信士全家人集中站在堂屋中，由帮忙的人用三丈多长的千兵布将他们围住，巴代围绕信士全家人喷火三圈，然后在上地楼的地方打一口子，将铁犁放在地下，巴代口含清油站在旁边。信士全家人一个一个地从铁犁上跨过，每跨一个巴代便喷油一口，意为让烈焰烧掉其身上的灾星和晦气。这是典型的驱鬼除灾的作法。人们认为鬼怪怕火惧光，巴代这种十分形象的作法，一来有力地迎合了人们的传统观念，二来体现了巴代神秘的法力。

86. 傩手

名称：傩手。
别名：神握。
苗名：窝斗录。
规格：人手一般大小。

傩手共有两套，分为一大
一小，大的是傩公之手，小的
是傩母之手。用木雕制而成，
呈双手抱握状，中有小孔，用
时将傩牌（朝笏）的根部插入
孔内，便展现出双手握朝笏之状了。

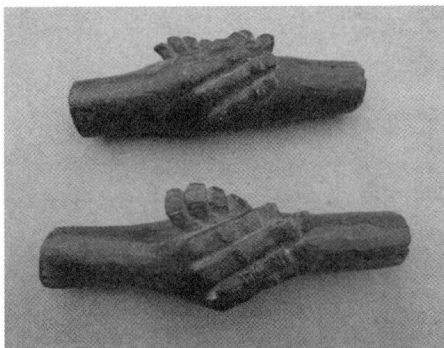

87. 傩牌

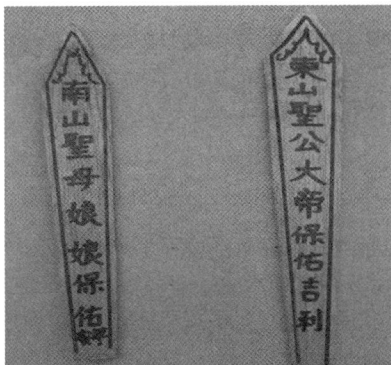
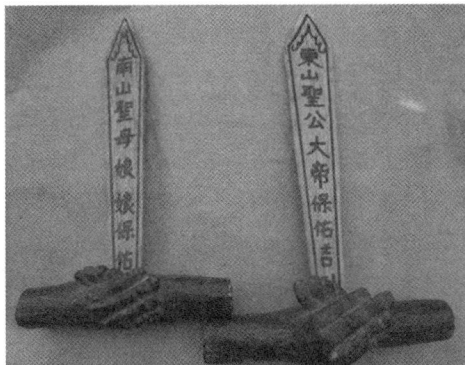

名称：傩牌。
别名：傩朝笏、傩手牌。

苗名：嘎图棍。

规格：长0.8尺，宽0.1尺，呈尖头弓背稍弯形。

傩牌插于傩手中间的小孔。届时，傩手摆放于神像之前的糍粑柱上，犹如双手握住朝笏。

傩牌有两种，一种是傩堂的神灵名号牌位，如我们在前面所介绍的牌位；另一种是本节所介绍的傩牌，即傩神的手牌。

88. 赶条

名称：赶条。

别名：打鬼条、驱鬼条。

苗名：窝沙爬。

规格：长约2.3尺。将一根竹子劈破一头，并劈成若干长条，留其根部不劈破，将一束长芭茅叶捆在根部即成。

赶条用在巴代度亡师开天门以及围绕亡师棺木打先锋和踩草立营上山安葬的仪式中。届时，头师用赶条，二师用长刀，在前面抽打地面做开路状，意为赶走猪羊牛狗等被亡师生前为了祭祀所杀害的六畜，恐其冤魂前来干扰亡师魂魄上达天界；同时，也恐亡师在阴间遭到报复，因而便有使用赶条作为道具来作法。

赶条在使用的时候，要捆上几根长芭茅叶。传说芭茅叶边沿有利刺且形如利刃，因此其被称为阴刀。这也许是苗族在迁徙途中走到芭茅叶丛中被割伤后的一种联想，或者是在铜铁利器还未发明使用之前便形成的一种观念。苗族人认为芭茅叶有极大的且普遍的杀伤力，而使阴间鬼神十分惧怕。巴代因此将芭茅叶捆在赶条上，用以驱赶隔除六畜阴魂和恶鬼凶煞。届时，头师站在队伍前面，手拿赶条默念神咒：

弟子手拿铜条铁条，不赶儿魂女命，不赶三魂七魄。

当赶猪羊牛马，鸡栖鹅鸭，一切鬼魂冤魄，妖鬼邪魔。

赶去十方门下，不许拦前挡后，不许拦左挡右。

弟子引领十二排报先锋，以及孝男孝女，孝子孝孙，

护送死者亡师上登仙界。

吾奉太上老君急急如律令。

如此默念上段神咒三遍之后，围绕棺木，一顺一逆、一正一反地左右随着锣鼓节奏抽打三圈，再出大门，烧纸钱并撒五谷草料，最后才正式打先锋。

从上面的道具与作法中，我们窥视到两点：第一，巴代一生从事祭祀活动，所造杀业太重，直到死时仍然担心受到报应，因而留下教法以慰其心。第二，巴代并非近代人们所想象的那样骗吃骗喝，而是从内心深处虔诚行教，信其本有，即他认为他们不是骗人的，而是在行持一种教法，传承一种文化。

89．刀梯柱
90．钢刀

名称：刀梯柱、钢刀。

别名：刀梯、刀梯树、铁板桥。

苗名：图同、求同。

规格：长有2.4~2.8丈、3.3~3.6丈等多种，且安装12把、24把、32把或36把钢刀等多种规格。

刀梯柱和钢刀是法坛巴代在玩年庆节或安坛度法大型法会中不可缺少的大型道具，是大型集体活动中显耀突出的法物。

上刀梯又叫作"上天梯""爬刀梯""登云刀"，苗语叫作"迁街求同"，是苗族客师巴代扎在玩年庆节或者安坛度法时所举行的一种大型的祭祀活动，也是本地域内苗族最齐全的年节文化、社会文化及娱乐活动。

玩年庆节上刀梯的祭祀含义在于：通过巴代上刀梯的方式，把凡间的诚敬之意传达给上苍，求上苍保佑来年风调雨顺、国泰民安、五谷丰登、百业兴旺。而巴代安坛度法的含义在于：通过巴代上刀梯的方式，一来把新投弟子的身份禀报给上天，二来通过人山人海的场合扩大其知名度，以取得社会认同。

其程序为：巴代从其法坛请出"上坛七千千祖师"，放出"下坛八万万兵

马"，来到所邀请上刀梯的村寨，在主家(邀请者)设坛安奉其祖师和兵马，谓之"祖坛"或"总坛"，即大本营、司令部或指挥部；于野外旷地安老君殿，在殿前布置刀梯场；街市设有老君街、玉皇街、筵前街或王母街等，根据需要而定。巴代在祖坛举行铺坛启建、请师收祚、安隅压邪、调兵遣将等一应法事，完毕之后，身着法服的巴代队伍打鼓鸣锣、带兵带马从祖坛出发，在途中"安五营、扎五寨"；到刀梯场后，分别由东、南、西、北、中五方门进入老君殿前的街市，各地来的狮子、龙灯、武术等文艺队紧随其后。跟着的还有身患疾病、久药无效者，据说只要跟着巴代穿街，就可以脱病而获痊愈；其他人也可尾随其后，据说可以带来好运。场内锣鼓喧天，火炮动地，人们穿街游巷，表示这是在天上的街市内穿游，实际上是对周围的广大观众进行展示，目的在于营造气氛、扩大影响，与"游行示众"一样，故称为"穿街"。走过这些"天上的街市"，最后到达太上老君所住的地方，即老君殿。在老君殿前舞绺巾、展演技艺等，意为朝拜太上老君。各坛班道艺高者，逐一尽力展示其才华，舞绺巾、化财、奠酒。如此孝敬了太上老君之后，才由领头者带队去刀梯柱下进行鸡防煞、开刀口、上刀梯、拜玉皇仪式，接着上刀梯，并于场内展演巴代绝技，如踩铧口、摸油锅等世间法及出世间法。最后回到老君殿前收兵回坛。整个过程以"穿街"及"上刀梯"展演绝技为高潮。

巴代进行上刀梯仪式，一来为玩年庆节营造热闹的氛围及场面，二来巴代本身也取得了行教的资格，获得了救苦救难的法力，可以此表现自己帮助人们战胜灾难、摆脱疾苦的决心、意志和勇气。在这样大的场面中，巴代掌控自如，绝技迭出，自然而然地把自身的潜能与上苍的神力融合在一起，从而达到心能转物的境界。

上刀梯是一种功能造就与演示的仪式，是一种天人合一、人可胜天的意志提炼和升华，是一种乐观人生的精神支柱，是一种文明和谐的社会活动，是一种集苗族各种文化元素如鼓、歌、吹、打、舞、工等为一体的综合展示，是苗族巴代文化体系中的重要种类之一。

91. 帅旗杆

名称：帅旗杆。
别名：旗杆、大杆、小杆。
苗名：窝纠格。
规格：分为大旗杆和小旗杆两种。大旗杆长 2.4~2.8 丈；小旗杆则以 12 节竹子为度，竹节长则杆长，竹节短则杆短。
大旗杆竖于安有法坛的家门前坪场中，高于房屋（一般五柱七至五柱九的瓦房高都是 1.98 丈），而小旗杆则是横悬于大旗杆顶上挂有帅旗的小杆。

92. 傩柱

名称：傩柱。

别名：傩身竹、傩公傩娘身。

苗名：窝纠录。

规格：傩公柱长 4.5 尺，傩
娘柱长 4.1 尺。

傩柱的制作方法是在离竹顶
端 0.5 尺处打一小孔，再往下 1
尺处打一小孔，再往下 1.5 尺处
打一小孔。用时，将一根长篾条
穿在这些孔上，使其成为 8 字
形。再于最上的孔中穿入一根篾
条，套上傩衣，篾条的两头穿入
傩手的孔内并固定住，扣上衣扣。最后安上傩头即可。

93. 桃木剑

名称：桃木剑。

别名：辟邪剑、斩煞刀。

苗名：窝同图瓜。

规格：长 1 尺，宽 0.18
尺。双面刃，近把柄处有一小
孔，便于用红绳吊起挂在当挂
的地方(辟邪处)。

自古传说桃木剑有辟邪
的作用。传统观念认为，如果家中有怪异或者凶祸(如有人吊死或被杀死)
处，请巴代在桃木剑上施以诀咒后悬挂在该处，便可起到镇邪的作用。

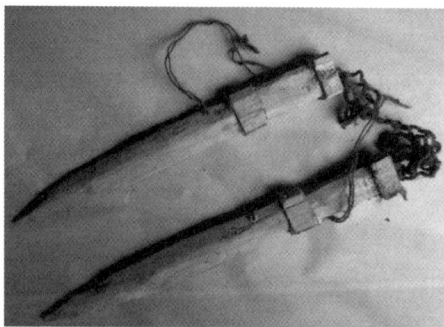

94. 如意

名称：如意。

别名：金花、玉花。

苗名：崩图。

规格：长 1.6 尺，柄把有小眼孔，以便悬挂红飘带或玉坠珠。

如意有木制、玉制、铜制、银制、金制，道教三清中的灵宝天尊、招财进宝财神爷等，手执的就是如意。

如意用在巴代所主持的玄门法会如迎圣接驾、燃天蜡、打清醮、移星换斗等仪式中。此时，巴代身披法袍，手执如意，朝圣礼神，朝佛礼道，庄严至极。可见，在苗族的客师巴代扎教法里面，包容、移植进了不少的外来文化。

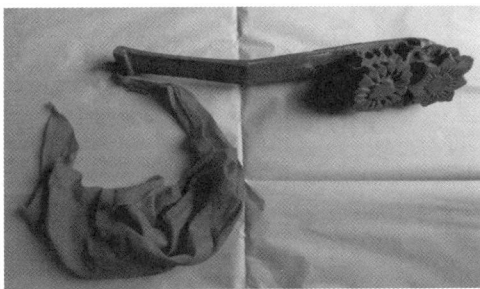

95. 行香炉

名称：行香炉。

别名：手香炉、巡坛炉、龙头香炉。

苗名：窝达香。

规格：长 1.2 尺，炉把为龙，龙口紧含着香炉。

行香炉是巴代在行持出坛走动仪式如行香拜庙、巡坛、拜土地、扎虚空等所用的一种供神道具。

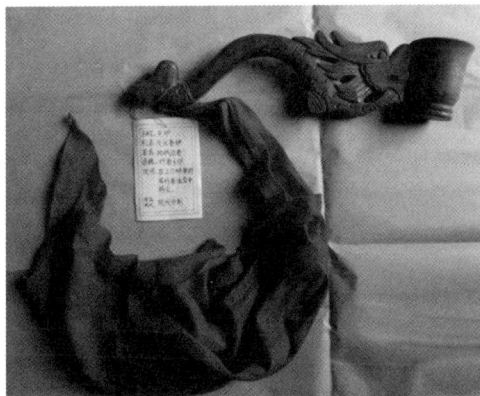

96. 桃符

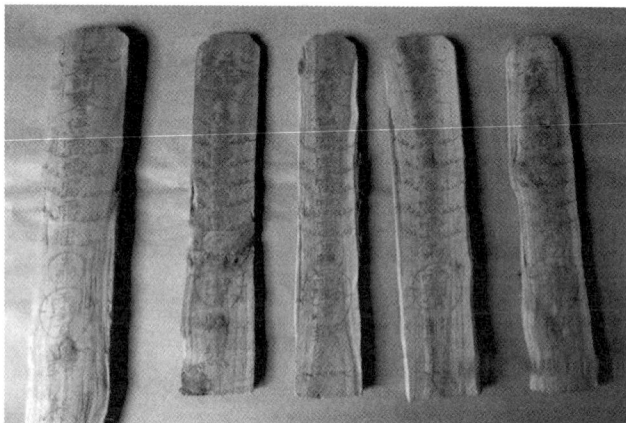

名称：桃符。

别名：桃木神符。

苗名：夫图挂。

规格：长0.7尺、宽0.15尺左右的桃木板。

桃符是在桃木板上用朱砂水画出的神符。神符大多数为紫微神符、五雷斩煞符、镇宅符等，经过巴代加持有关神咒诀法之后，钉挂于门窗上方、房门、过道、堂屋的五方五位等处，也可钉于地下，只露出一点符头。传说桃符可起到天上地下各处镇守、驱邪压煞的作用。

97. 破狱杖

名称：破狱杖。

别名：锡杖、禅杖、金锡杖。

苗名：席将。

规格：长 5.8 尺。有球形、块形、三角形等多种形状，用时要将木柄缠上布条及珠子串。

此种道具又可称为法器，因为破狱杖除了拿在手中当道具使用之外，还有 4~8 个或单或双的小铁环，振动时可以发出响声，能震慑妖邪。

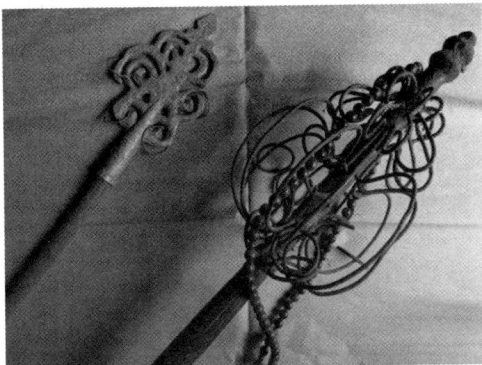

巴代在去世的时候要马上举行开天门的仪式，传说如果不及时开天门送其魂魄上天，则亡师就会堕入地狱，受苦受罪。如果当时没有条件开天门将亡师送上天界，以后有条件补救时，就要破狱取出亡师魂魄。在破狱时要用此破狱杖打破象征地狱的瓦片，取出亡魂。在破五方狱或十八层狱前，要在神坛五方扑放五片瓦，内盖有少许火药和一段鞭炮(十几颗)。破狱时边唱破狱赞子边用破狱杖的木把在瓦片上画一个"鬼"字，在最后一笔弯钩内再写上木、火、金、水或土字，每方只写其对应的字，如东方写木字，南方写火字。写好之后用破狱杖的木把砸破瓦片，孝子立即边呼喊亡者边动手翻开瓦片，象征着从狱中取出了亡魂。

此破狱杖本名锡杖，又称禅杖、金锡杖等，原本是佛教弟子在化缘中用来赶狗的器物，其振动后把狗吓跑，才好进到门边化缘。后来被移植到民间的教法中，比如苗道坛班非佛非道，但是也用此物绕棺破狱，其实他们也不是什么佛教弟子，根本不管什么三皈五戒。在巴代教法中，只有在上述情况时才使用，平时是不用的，因而在此提出，希望不要引起误解。

98. 生肖幡

名称：生肖幡。

别名：十二神幡、地支旗、十二星旗。

苗名：格打昂。

规格：呈三角形，边长 2.3 尺。

生肖幡共有 12 面，每面都画有一种生肖的图案，这十二生肖分别为子（鼠）、丑（牛）、寅（虎）、卯（兔）、辰（龙）、巳（蛇）、午（马）、未（羊）、申（猴）、酉（鸡）、戌（狗）、亥（猪）。

巴代在主持燃天蜡、移星换斗、阳解三十六条、打醮等仪式时，将生肖幡插在坛场四周，其中信士本人的生肖插在中间，以便加持诀咒后消灾免难。巴代坛头香火旺盛，信士众多，故这十二生肖不可缺少其中任何一种。

巴代道具法器客师卷终

搜集、编著：石寿贵、法高、太玄子、慧海

道具法器(苗师部分)

1. 纵棍(苗师祖坛)

名称：纵棍。

别名：纵雄、纵剖纵乜。

汉名：苗师祖坛。

苗师祖坛是安奉在苗师巴代雄家中的祖师神坛，是专门用来供奉巴代雄历代祖师的场所，简称祖坛。当苗师要去帮村寨的坛头们去主持祭祖仪式之前，先要在祖坛的香炉内烧用纸钱包着蜂蜡的纸团和粗糠，苗语叫作"意记耸斗、依达穷炯"，即蜂蜡纸团糠香；然后口诵出坛法语，并打筶子看是否得到了祖师们的应允和加持；再问一切有关祭祀中的情况，比如病会不会好、此堂祭祀能不能做、顺不顺利，人口大众（户主及帮忙人等）平不平安、是否好去好回等问题；最后才能出坛行教。这就是苗语所说的"将棍空"，即请师出坛。从主人家回来时，把原先所带出门的竹柝、蚩尤铃、筶子等法器道具连同从信士家带回的一些粑粑、肉腿、一小沓纸钱一起摆在祖坛下方的大桌子上，点燃蜂蜡纸团糠香，焚烧纸钱，迎请祖师回坛，向祖师们交纳所带回的刀头肉腿等供品，给祖师安座，这种做法苗语称为"巴代长纵"，即回坛纳供。

每逢腊月三十年饭之前，巴代雄得先于坛前烧起蜂蜡纸团糠香，给祖师敬上年饭酒肉，然后给祖师们放年假，让他们回到天界去过年，苗语称为"挂见将棍空"，即大年送祖师回天界。到新年初三晚饭前，又要以同样的方式将祖师们从天界迎请回坛，苗语称为"就先然棍空"，即新年迎请祖师回阳。此外，每月的初一、十五都要烧香点灯供奉，一年四季，每月照行不止。

苗师祖坛是以小瓦屋的形态出现的，坛内设有神灯、蜡台、蜡香碗，祖坛后壁挂有三十三块小布条。

2. 纵棍提岭（祖坛神布条）

名称：纵棍提岭。

别名：补谷补勇提伸、补谷补肥图岭。

汉名：祖坛神布条。

平时人们习惯将布条称为破布烂片，而在巴代雄的祖坛上其却被当成了神圣的法物来供奉。这些布条代表着什么，有些什么含义和根源呢？

传说古代以蚩尤为首领的部落联盟和以炎黄二帝为首领的部落联盟在涿鹿之战后，苗族就开始进入漫长的大迁徙、大逃亡时期。苗族的先人们扶老携幼在原始森林、荆棘丛中探路而行，前有凶狼，后有恶虎，左是悬崖，右是绝壁，他们浑身衣服被挂烂成无数的小布条。这些先人们在漫长的迁徙途中先后死亡，尸骨坟墓根本无法找到。来到湘西之后，为了纪念这些在迁徙途中死亡的先人，巴代雄便将这些小布条挂在家中的祖坛上并给予供奉。这些小布条象征着先人的英灵及化身，代表着祖师神，是巴代雄祖坛内的神圣法物和最高神灵。

此外，苗族在迁徙途中，逢山开路，遇水扎筏，在路不通的时候，男人连起野藤，女人连起布带，这在巴代雄所传的古老话中被称为"窝拔几擦商提炮豆，窝浓抱苟那够"，汉译即为男人接起野藤树条，女人连起布匹布带，把迁徙的人们一路一路、一队一队地拉上了悬崖峭壁，拉过了险山恶水，拉过了凶坡陡岭，拉过了无数难关，好不容易才来到湘西这边远闭塞沟壑纵横的深山老林安家建园。湘西苗族就是沿着这野藤和布条连成的路一路迁徙而来的，祖先沿此而来，祖师沿此而来，因此，布条便成为苗族迁徙的路标、生命线和象征物。在苗族的每一种祭祖仪式中，都有用布条请神送酒、上供交牲的做法：只有沿着这布条去请祖神才能请得到；只有用这布条去送酒送肉、交纳供品才能送得到。所以，这布条便理所当然地成了巴代雄祖坛上的神圣法物了。

在巴代雄祖坛所挂的三十三块小布条中，有用炭笔画的极为简单的图案，如在倒写的"又"字上的三角区打上一点等，据说这是巴代雄祖坛所保留的蚩尤神符，历朝历代以来一直对外秘而不宣。对巴代而言，有这三十三块小布条，也就等于有了三十三道神符。这些神秘而简单的符号究竟包含着怎样的内容和意义，有待后人及有关专家学者们去做进一步的考究。

这些布条大多从祖上留传下来，同时，也由接坛弟子不断地一批批更换焚烧交入祖师阴库。其来源为：凡是该坛巴代雄去帮坛头香火的信士户主举行祭祀活动时，户主都会送一块长条形的小布条，给巴代请神送酒、交纳供品。仪式完毕后这块送酒的小布条便被巴代带回，拿来系在蚩尤铃把上或挂在家中祖坛的后壁上。

巴代雄祖坛所挂的三十三块小布条，是一种秘不示人的、有着极不一般的象征意义的神圣法物。

3. 纵棍头奶（长条纸束）

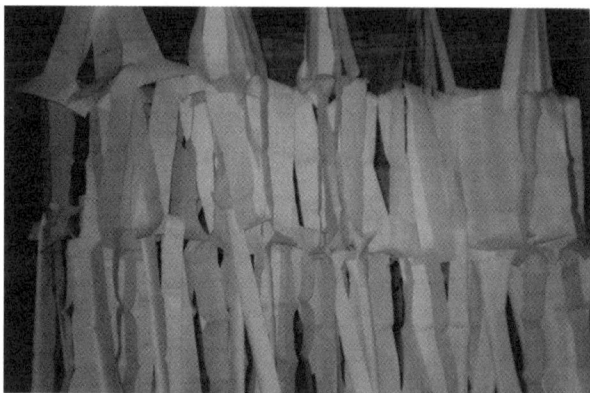

名称：纵棍头奶。

别名：见乘头奶、牙洋头浪。

汉名：长条纸束、纸钱束。

在巴代雄所主持的祭祖仪式中，所剪的纸束大多是如上图中的这种形状，很少有剪成锯齿形的长纸钱，为什么呢？我们从上节所述的挂在巴代雄祖坛上的三十三块小布条的含义中便可得知。这些纸条一条接着一条地不断延伸，象征着苗族在迁徙途中所接起的那一根接着一根的野藤和布条，牵引着、护佑着迁徙队伍过险道、渡难关，成为先人的身影、迁徙的路标、民族团结的纽带、生存和发展的生命线。平时，祖坛的两边总是长年累月地悬挂着两束这样的长条纸束，一到年节则会增加到五束或七束，每束十二张，代表

着五姓苗民、七姓苗胞，一十二名二父、一十二父二子的大团结、大繁荣、大
发展、大兴旺。

4. 吉秋学猛(祖坛神案)

名称：吉秋学猛。
别名：几得照拿。
汉名：祖坛神案。
吉秋学猛是摆在祖坛
下的一张神案，这张神案
除了在出坛或者回坛之时
用来摆道具法器和供品之
外，还是祖师出坛与回坛
歇脚、齐聚的场所，如同
阳间的大院或操场一样。
同时，巴代雄的道具和法
器平时也大多是摆在这里。

在巴代雄安坛的时候，如果祖坛还没安置，就必须先摆放神案，还要提
前三天摆放。摆放的时候，要先燃烧一碗蜂蜡糠香，再把从老师父、老坛那
里取来的竹柝、筶子及蚩尤铃等法物放上去，以吸引神气聚集，苗语谓之"吉
兄纵秋"，即热坛迎祖之意，就像人们想得到蜂蜜，要事先准备好木桶(蜂
桶)，并且将蜂蜡在桶内外涂上厚厚的一层，以其气味和环境吸引蜜蜂进驻
一样的道理。这吉秋学猛摆了三天之后，即到安坛的日期，才请师上门正式
安坛。

在巴代雄度法的时候，要把刀头酒礼、香米利是、布帛衣物、师桥神布
等一应物件摆放在这里，作为祖师们堆放、储藏供品(肉堂酒铺)的金仓银库
(回坛摆供也是在此处)。这时，巴代雄便要详细地交纳供品："内没比同(刀
头)昂汝，酒窝酒吹，公色录然，见恩头果，见抗头浪，几乙汝岭，吉现汝穷，
提周炮节，提尖炮抓，扛埋葵汝产鹅棍空，糯汝吧图棍得，扛照窝豆，梅照窝
斗，到久苟猛几北，到汝苟猛吉炯……"此为苗语神咒，意思为"新坛弟子有
刀头肉块、甜酒香酒、糍粑糯供、纸钱财帛、冥币金银、红绸彩缎、绿缎布

匹、神桥布帛敬送给尊贵的千位祖师、高贵的百位师尊,领受在手,吃喝在口,得多拿去共享,得好拿去共用……"

在过法的时候,新坛弟子也站在此桌之前,左手拿着红布条(吉现穷)熏在蜂蜡糠香上面,老师父虔诚地用神咒通呈:"斗你吉秋学猛,葵汝埋吉意记耸斗求拢,糯汝埋告依达穷炯求拢,埋告几乙汝岭求拢,埋告告现汝穷求拢,求告否浪斗抓,告求否浪斗尼……"意思为"祖师你们在这坛前的宝殿,从蜂蜡香烟中上来,从宝香宝雾中上来,从新坛弟子的左手上身,从其右手上身,要居左膀,要附右臂……"请师归附是从此神案上请来的,而非从祖坛内请来,由此可见此祖坛神案也是巴代雄及其祖师们不可缺少的活动场所之一。

5. 纵寿秋得(祖堂法殿)

名称:纵寿秋得。

别名:纵寿吉标、秋得几竹。

汉名:祖堂法殿。

祖堂法殿包括上坛、中坛、下坛的设施在内,共分为三层。

第一层是顶上的云匾。云匾表明该祖坛名义上虽然是设在阳间,但实际上是设在天上,设在"林豆林且"(椎牛所供奉的大祖神的神堂,为无上天,即最高层天)下面的第二层天,即祖师神天。苗族的传说与汉族及其他宗教的传说是不一样的:"林豆林且"(规律法则神或平衡准则神)住在最高层天(无上天),叫作"几竹林豆、吉标林且";祖师神住在下面的第二层天,叫作"几得纵寿、吉秋纵得"(简称"纵寿纵得");家先神住在下面的第三层天,叫作"依流西相、意苟格补";第四层天就是鱼神和肉神住的"几纵棍缪、吉秋棍昂";鱼神肉神住的下面便是大坊土地神住的地方,叫作"便告斗补、照告然冬"。以上所说的五层天在巴代雄的祖堂中都有

体现：

云匾为第一层天，即"几竹林豆、吉标林且"天；

祖屋上雕有瓦片为第二层天，即"纵寿纵得"天；

神屋内的布条为第三层天，即"依流西相、意苟格补"天（这些布条代表先人的灵魂，象征着祖先们的身影）；

神屋下的基座底板为第四层天，即"几纵棍缪、吉秋棍昂"天；

祖坛下的神案为第五层天，即"便告斗补、照告然冬"天。

再往下才接触到地面，为凡尘世界。

有关苗师祖堂法殿的五层天之说，虽然远远没有其他宗教所说的三十三天等那样复杂，却表现出苗族人朴实无华、纯正的品质。

"纵寿纵得"内所安置的不仅只是巴代雄的"葵汝产鹅棍空，糯汝吧图棍得"和"葵忙告见、糯忙送嘎"（祖师神），同时还有"林豆林且"（大祖神）、"相剖相乜、相内相玛"（家里的七代祖公神、八代祖婆神），以及"棍缪棍昂"（鱼神肉神）和"便告斗补、照告然冬"（村宗寨祖神）等。这五层天以巴代雄家中的祖坛作为象征和代表，与汉族及其他民族所安奉的"天地国亲师"神龛的五位神基本相同，只不过是一个以物象来表明，而另一个则以文字来表明，我们不妨来找一找它们的共通之处。

关于五层天之说苗族历代以来一直都是秘而不宣的，此时公开也许会有人不信而质疑，但是，我们试想：客师巴代扎的法坛不是也有傩公傩母这些傩神在内吗？客师法坛除了供奉玉皇大帝、三清道祖、天师真人等上天之神，其他的神也应有尽有。不管是苗师也好还是客师也好，其坛上所供奉的不可能只有祖师神，因为他们不可能与外界隔绝，起码要与外界有着某种密切的关系才会有活动的空间和条件。

还有一点必须表明：在苗区，苗师巴代雄启教、行教最早，因而其祖坛出现在民间的时间应该是在先的；而客师巴代扎在苗区的启教、行教肯定在后。两者之间既有相同之处，又有不同之处。

6. 窝熊（竹栎）

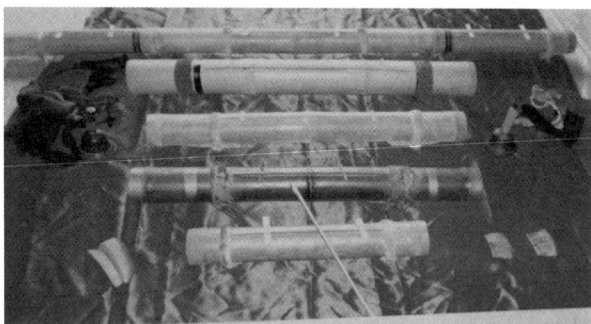

名称：窝熊。

别名：同拢熊、包仲拢。

汉名：竹栎、蚩尤栎。

窝熊（竹栎）是苗师巴代雄在祭祀中常用的主要法器之一，其与蚩尤铃、筶子、蜂蜡为巴代雄祖坛四宝。

竹栎以竹筒为原材料制成，选料的时间要在大年三十的晚上，到竹园中去听，一般要到三更过后，听哪根大竹子时不时地发出"咚、咚"的响声（这种竹子必须比碗口大才会自动发出响声），听准之后做记号，待新年初三过后，择"蒙兵"即日逢中堂并逢天恩的吉日吉时去砍竹。择日以初一为"猛竹"大门，初二为"蒙兵"中堂，初三为"补竹纵"后壁，初四为"便竹纵"后上装（后壁上），初五为"吉洞"天门，初六为"猛竹便"大门，初七又转为"猛竹"。如此周而复始地轮流数去，直到月底为止。但仅逢"蒙兵"还是不行的，还要逢值相应的吉星，并且避开"灵隔、鬼隔、神隔"等日。根据竹筒的大小决定竹栎的长短，按要求锯好，一般多以两节栎为适宜。锯好后拿来放入水中，用手在水中打旋让其自由翻动，看最后哪一面朝上，做好记号；再翻动几次，看其最后朝上的那一面是否有变动。如果数次翻动之后都是做有记号的那面朝上，则说明此面的竹皮最薄。确定之后，放在阴凉处让其阴干。三个月之后，先用水牛蹄的皮圈子将竹筒的两头套紧，用刀在做有记号的那一面削出一块一指大小的篾条出来，用竹签扣子将此篾条小心地扣起两头，用小刀轻轻地刮去此篾条的内层，万万不可伤到外面的青皮。刮薄之后，将两边的竹签扣子扣紧，便可打出清脆悦耳的声音了。

关于牛蹄皮圈的制作也有讲究。首先要取用巴代举行椎牛祭祀过的牛蹄，其他的不能用。在割取牛蹄皮圈时，不能破开口子，要整个取圈才行。套上竹柝两头之后，以两个小牛蹄为竹柝之脚。如果皮圈大了，还要在其下部加上竹块垫子，以使其紧紧地箍住竹柝。

竹柝做好之后，两个小扣子不能扣得太紧，否则会崩断；也不能扣松了，否则发不出声音。因此，要以不紧不松，敲击能发出响亮的声音为宜。

竹柝有单节柝、双节柝、三节柝乃至多节柝等多种规格，这是指所扣起的篾弦而言。同时，竹柝又有单柝一体、双柝连体、三柝连体等多种规格，这是从同一根竹子可同时做成几个竹柝而言。由于竹柝的大小不等、长短不一，敲击起来能发出深沉、清脆、悠扬、柔弱、奔放、啼鸣、悲泣等响声。在敲击时，可敲其不同部位，或轻或重、或左或右都可不断地改变其音质音量。三柝连体或双柝连体的竹柝，能变换地敲出很多种声音来，能很好地配合巴代雄高低不一、快慢不等的诵腔吟调，其效果可达到使人心复活、枯木逢春之功效。

竹柝的作用主要是在巴代雄吟诵神辞的时候进行伴奏，其可单击也可连击，可与蚩尤铃交叉混用也可同击并用，具体操作要看仪式所用的腔调。

在巴代古老话传说中，竹柝、蚩尤铃、大鼓等物都是随着巴代从苗族的老家园"豆吾豆斗、吾滚吾穷、窝太窝弯"即黄河流域一路迁徙带过来的。至于在祭祀中为什么要敲击竹柝，在本地就有很多传说：一说是苗族在战败迁徙途中，首领要召集大家议事的时候，就敲竹柝来作为信号，各路小头领听到竹柝声便会去集中议事。因为这竹柝唯苗族独有，声音虽然不是很大，却能传得很远，在那种特定的迁徙逃亡环境下，这种声音既不会暴露目标，又可把信号传达给对方。另一说是苗族从老家园迁徙出来，他们祖宗的遗骨都埋葬在老家园的坡岭田野里，如今苗族远在此地，要祭祖请神的时候，就得敲击从老家园带来的竹柝、摇动从老家园带来的蚩尤铃，祖先的灵魂才会感应到，听到之后才会过来接受供奉，这样才形成了巴代雄祭祖时要敲竹柝的规矩。还有一种说法是苗族先人在搜山围猎的时候，为了不惊动被围困的猎物，而以敲击竹柝为联络的暗号，以便很好地协调围猎队伍的阵形。有关说法还有很多，在此不一一介绍。

7. 窝走抗闹（苗师筶子）

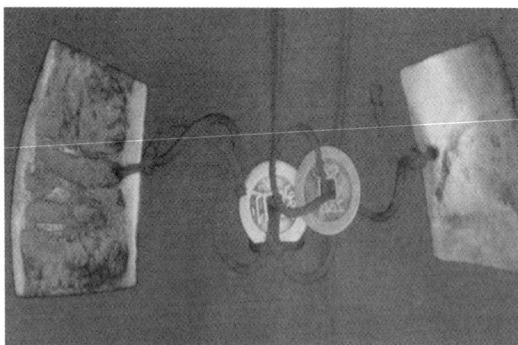

名称：窝走抗闹。

别名：抗松昂、抗雄。

汉名：苗师筶子。

巴代雄所用的筶子大多是用竹块或骨块来制作的，同时也有少量的黄杨木制品。关于骨筶的来源，传说是这样的：在椎牛的时候，"林豆林且"（规律法则神）托梦给巴代雄说，椎牛敬大祖神的时候，他什么都得到了，唯独没有得到水牯的肋骨，以后巴代要向祖神问事的时候，就用水牛的肋骨做筶子，让他看到他曾经享用过的水牛的骨头，才肯给巴代报以真信，不然的话，巴代打筶再怎么问也得不到真信。从此以后，椎过牛的巴代雄坛班开始用牛肋骨做筶子。

在椎牛的时候，巴代雄取下一左一右两根牛肋骨，按照尺寸锯成两片筶子，在其内边沿中心钻一小眼，用一麻线套住，麻线中间穿一小铜钱，便做成筶子了。

关于两片筶子中间穿一麻线的原因也有一个相关的传说：从前，巴代雄的祖师中有一个盲人，由于他看不见打筶时的卦象，又经常找不到抛出的筶子落在什么地方，便在主持祭祀的时候带一个小孩专门帮他捡筶子。在祭祀中要打筶的内容很多，惹得这小孩十分怨烦，于是在捡筶时便故意报错卦象，搞得巴代雄给主人所讲的话兑现不了，不灵验了。无奈之下，盲人巴代雄将筶子用线拴住，并在中间套上一个小铜钱，在打筶的时候便容易摸到了。这种做法后被沿用至今。

还有，巴代雄是用苗语且以静态为主来举行仪式的，因巴代雄这种斯斯文文的样子而被人们称为文官。在打筶问事的时候，也是轻打慢放的，有时还要打在筛子里面，以便容易捡回和充分体现其斯文程度。

筶子抛落下地，若是一块翻一块扑，便是"嘎补嘎西"，即一正一反、一阴一阳，叫作顺卦，表示神灵应允、同意巴代雄所说的卦词内容。若是两块都翻（翻面朝天），便是"欧嘎几白、欧块吉砂"，即两块都正、双双朝天，叫作阳卦，表示神灵虽然应允、同意巴代雄所说的卦词内容，但要经过一段时间才能见效。若是两块都扑（翻面朝地），便是"欧嘎几补、欧块吉葡"，即两块都反、双双朝地，叫作阴卦，表示神灵不同意巴代雄所说的卦词内容，结果往往是不好的。连续打了几副阴卦之后，巴代雄便会接着问事，看是否有鬼神妖魔作祟，具体是什么鬼神在为殃作祸，等等。

巴代雄向神灵问事除了打筶之外，还有麻木抖手的方式。

关于巴代雄所用的竹筶，在上梁木的鲁班词里面是这样说的：

鲁班仙来鲁班仙，丈篙量尺说根源。

竹子出自南山林，量尺出自终南山。

南山--竹出五节，五人得用传此说。

竹苑拿来送客师，用作筶子问情由。

苗师筶子用头节，两块问事得明白。

三节拿来送鲁班，拿做丈篙起屋排。

四节送给船老板，拿做船篙好渡船。

最后一节送鸭客，赶鸭下水财就得——卜。

由这段鲁班词来看，客师巴代扎所用的筶子取自竹苑部分，苗语叫作"巴高拢"，为第一节；苗师巴代雄所用的筶子取自竹子出土部分，为第二节，苗语叫作"欧嘎高拢"；往上第三节，木匠用作丈篙，丈量木料来建屋，苗语叫作"窝起拢"；再往上第四节是送给船老板做船篙的，苗语叫作"窝便昂"；第五节竹尾是送给鸭客赶鸭子用的，苗语叫作"窝便糯受"。这就是古代苗族人对一根竹子的作用的认识。至于竹编制品，那又另当别论了。

筶子除了用牛肋骨、竹、木制作之外，还有用牛角尖尾部制作的，如下图所示。

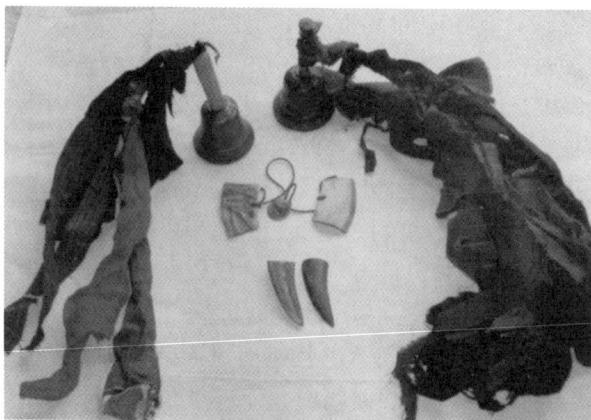

8. 穷力穷梅（蚩尤铃）

名称：穷力穷梅。

别名：穷梅、穷梅棍。

汉名：蚩尤铃、神铃、法铃、铜铃。

巴代雄所用铜铃的正式名称是蚩尤铃，因为在铜铃把上面铸造有蚩尤的头像。把蚩尤的头像铸造在巴代的铜铃把上，含义有三：

其一，因为蚩尤是苗族巴代雄这一原始文化的创始人，后人为了在形式上永久地纪念这位苗族部落的领头人，便在巴代雄所常用的铜铃把上铸造了蚩尤头像，其巴代教术语叫作"棍空棍得"，其汉语名称叫作蚩尤铃。

其二，巴代雄将蚩尤的头像铸造于铜铃把上，其目的是用蚩尤的威力来镇压一切危害人类的鬼魅妖魔、魑魅魍魉、凶神恶煞。凡是苗族人都知道，苗族并非像历代书典史志和文人墨客所说的那样"重巫尚鬼"，苗族文化也不是"巫鬼文化"。苗族是崇祖恨鬼、敬祖赶鬼的民族，对鬼魅妖魔、魑魅魍魉、凶神恶煞，总是"驱赶再驱赶，隔除再隔除。照天条律令，斩杀不留根"。苗族人在边远闭塞的深山老林这样的恶劣环境中受尽了鬼魅的欺凌（如传说中的己嘎加狞等），对鬼魅邪魔恨之入骨，鬼在苗族人的心目中是极其卑鄙恶劣、低贱邪恶、阴险毒辣的，是灾难祸害的化身。事实证明，苗族人并非重巫尚鬼。蚩尤有威神之力，在铜铃把上铸造蚩尤头像，振动起来，响声充满神力，所到之处，鬼魅闻风丧胆，逃之夭夭。蚩尤铃能在人的精神上形成强大而有力的支柱，使苗族人能在深山老林这种险恶的环境中生存、发展和壮大。

其三，蚩尤有智慧，有号召力，有凝聚力。摇动蚩尤铃，铃声充满号召力、凝聚力，使苗族人能团结一致，增强克服困难、战胜艰险的决心和斗志。

巴代雄所用的铜铃除了在铃把上铸造有蚩尤头像之外，在铃身外围还有很多神符，其中的图案符号似驴似马似鸟似鱼，似是而非，究竟是些什么东西不得而知，传说这是上天的秘密，是不能解释的。

据巴代雄的祖师们传说，这铃子在祭祀中有招魂的作用，在赎魂"告归"的仪式中，是用铃声作为伴奏来吟诵招魂词的，户主家病人的生魂丢失在门外四野、鬼湖鬼海等地，在听到铃声之后会猛然醒悟，赶紧回来附身。

这铃子还有向神灵劝酒劝供的作用。在敬入堂酒或上熟酒（袍酒卡、袍酒先）的时候，巴代雄以断断续续的三响铃来向祖神劝酒上供，因为这是从老家园带来的铃子，以摇响老家园的铃子来呈供给从老家园请来的祖神，神灵欢喜，活人宽慰。

这铃子还有交送供牲、交纳供品的作用。巴代雄在交牲的时候摇铃，召集供猪、供牛、供羊等供牲的生魂并交送给神灵，神灵感应后来领来受；在呈供送酒的时候摇铃，把神灵吃剩喝余的供品打包前去交纳，神灵得接得收。传说若没有神铃去送，是送不到的。

铃子在祭祀中有单摇、三摇、散摇等多种套路摇法，由巴代雄根据仪式的需要而定。

9. 意记送斗（蜂蜡糠香）

名称：意记送斗。

别名：嘎呆、嘎炯。

汉名：蜂蜡糠香。

蜂蜡指蜜蜂的蜡，呈黄色，苗语叫作"炯"。如果没有黄蜡，可用熬煮过后所滤出来的蜂窝渣子，苗语称为"嘎呆"。巴代雄家里平时都会养蜜蜂，可常取黄蜡备用。在祭祀中，蜂蜡是必备之物，俗话有"巴代兵竹就嘎呆"，即苗师浑身有蜡味的说法，说明这蜂蜡是巴代雄祖坛上必备的法物。但有的巴代雄家里没蜜蜂，那就只有到别家去找。蜂蜡经过加工后称为"意记送斗"，即蜂蜡糠香，其摆在祖坛下方的神桌上备用，出门帮别家做祭时再带去。有关蜂蜡的具体介绍详见下节。

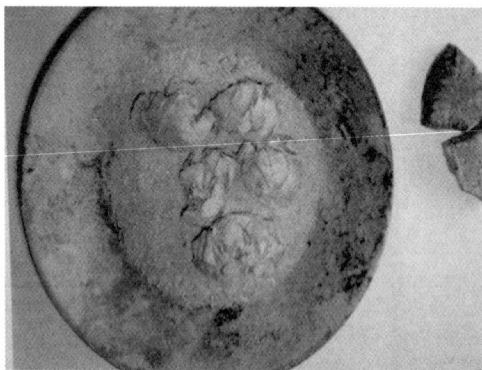

10. 依达穷炯（蜡香香碗）

名称：依达穷炯。

别名：达香嘎这。

汉名：蜡香香碗。

上节提到，蜂蜡要通过加工之后才能称为"意记送斗"，具体的加工方法是取出一点蜂蜡包在一张纸钱之内，揉搓成一坨，

总共要几十坨才够用。搓好后找个容器装好。再去找一些粗糠，也用一个容器装好，与蜂蜡摆在一起备用。在祭祀前，准备一个碗（瓦片也可），先在碗内放入一些火籽灰，再放入三个蜂蜡纸坨，待其燃烧后在上面撒上一些粗糠，让其一起燃烧，这就是苗师巴代雄在祭祀中所焚烧的供香了。苗师祭祀不像客师或其他宗教烧线香、柱香、盘香、檀香，他们烧的是这种纸坨香，全称为蜂蜡纸团糠香，苗语称为"意记送斗、依达穷炯"，这就是苗师与客师的区别之一。

在祭祀中，这种香烟和香炉象征着祖师与祖神的化身，是不能冷炉的，香烟不能断，在快燃尽的时候，再取三坨纸团加进炉中，放一些粗糠。要一个人专门伺候，这个人叫作"得忙吉子、度忙吉录"，即香蜡师。

关于巴代雄祭坛中所烧的这蜂蜡纸团糠香，在关于抱几嘎的古老话中有一段这样的传说：在远古的时候，苗族老家园的某一个地方，出现了一种专门吃人的妖魔，叫作"几嘎几狞"（也有称为"加嘎加狞"的），这妖魔一公一母，公的叫"几嘎"，母的叫"几狞"。食人魔平时住在村寨后面的山洞里，不时吞啖苗民。为了吃到更多的人，这几嘎就变成一个老人，哄一些放牛放羊的小孩们，说他是"阿打"（外公），企图骗这村寨的小孩们到洞内。他叫这些小孩到山洞里去歇凉，拿出一些野果给他们吃，还和他们玩起"几占几奈"即纠纠缠缠的游戏，最后要这些小孩邀请其他小孩也去山洞玩耍。大人们知道后，感到人祸临头，但又无计可施，便去问当坊土地（即村宗寨祖）。当坊土地告诉他们，这恶魔身如稻草垛，眼如大湖塘，牙似大钢凿，血盆大口，现身时一只脚踏一座山，一口可吃九十九人，非常可恶。要制伏这恶魔，除非用蜂蜡烟去熏它，否则凡人是打斗不过它的。这样，大人们便秘密地准备好了蜂蜡蜂窝。到第二天，小孩们进洞去和这恶魔玩纠纠缠缠的游戏时，大人们便悄悄地用蜡棒调换了魔棒，用田水换掉了魔水。在恶魔性起要吃人的时候，小孩们在洞中烧起了蜡烟。恶魔知道不好，便喷起魔水，但不管用，便拿魔棒来打，魔棒却断了，它反而被这蜡烟熏得头昏眼花，浑身发抖。这时洞外的人才冲进洞里，打死了恶魔，避免了一场大灾大难（传说只打死了公魔，母魔不在洞中）。从此，人们便知道蜂蜡能够降魔，之后巴代雄在祭祀中烧此蜡香来赶鬼护身。

巴代雄在祭祀中，处处都要提到这蜂蜡糠香，请师时要提，请神时要提，交牲时要提，驱鬼时要提，扫瘟时要提，呈供、送酒、送神时都要反复地提，可见这蜂蜡糠香在苗家人的传统观念中是驱邪扶正、降魔除妖、护身保命的不可缺少的重要法物。

有关"几嘎几犷"或"加嘎加犷"的故事在本地苗区流传甚广，当小孩们听到这故事的时候深夜不敢入眠。

11. 依尼照抗（标良许愿）

名称：依尼照抗。

别名：占几八。

汉名：标良许愿。

这里所说的标良许愿是指许吃猪大愿。许愿的时候，如右图中摆设，先找来一块长1.2尺左右的木板，用清水洗干净。再找一个土碗，内烧蜂蜡纸团糠香，摆在此木板的中间，土碗两边各扑放一块破碗片，这就是向元祖神许吃猪大愿的标志物，简称为"愿标"。在户主家的地楼板上、窗户下摆设坛场，由巴代雄举行许愿仪式。完毕之后，将所插的纸束取下烧掉，撤去扑放在芭蕉叶上的四个碗，只留下前面所摆的那一块木板及蜂蜡香碗和两块破碗片。把这块小木板连同上面的物品摆在窗户下面的地楼板上（苗语称为"夯补"）。之后，还得在此香碗内连续烧三天的蜂蜡香火，便算是向元祖神许下吃猪大愿了，这许愿的术语称为"标良许愿"。

到后来吃猪还愿的时候，这块香板愿标也就是"依尼照抗"要取出来摆在主家堂屋一角的神坛面前，如下图左所示。（关于吃猪仪式神坛的摆设我们在后面内容中再做介绍。）在请神敬过入堂酒以后，要在这块小木板（香板）上捆猪。把供猪捆绑在这块香板上如下图右所示。这样，在交牲的时候，巴代雄才能如愿地将供猪神魂交到元祖神的手中。因此，这块香板不仅是向元祖神许愿的标志物，而且也是交纳供猪不可缺少的一种道具。

12. 扛吾尼刀候（干葫芦）

名称：扛吾尼刀候。
别名：刀候。
汉名：干葫芦。

干葫芦是用来装水喂水牛的一种道具。在椎牛大典的仪式中，把水牛捆在椎牛花柱上的时候，要由巴代雄来举行向大祖神交牲的仪式，交牲之后才能椎牛，这是祭祀的规矩与原则。交牲时，先要用葫芦瓢装水和高粱米，由巴代雄扒开水牛的大嘴，将此葫芦内的水和高粱米倒进水牛的口中，意思是给牛喂上高粱米酒，此举名曰"扛吾尼"，即喂牛水。此喂牛水的含义有两个。其一，让牛在临死前吃上高粱米酒好上路，以尽人间的一份良心。其二，用此米酒讨好水牛，向其表明，今日你被椎刺杀害，并不是我巴代雄有意加害于你，而是一来因为东家户主要用你来替身换命，给主人抵灾抵难；

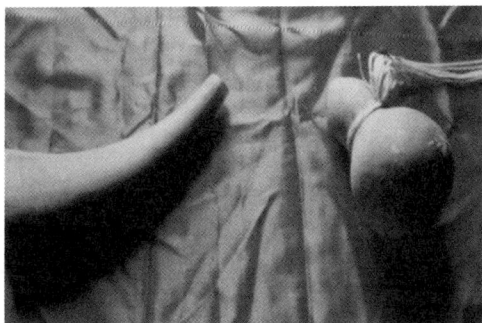

二来因为开天辟地以来老祖宗们定下这样的规款，不关我巴代雄的事。以后在祭祀中，遇到我的魂魄来阴间执行交牲事务的时候，不要难为我，并且还要保我护我，这样大家都可以得到好处。喂牛水的神辞如下(这里只介绍一部分汉译的内容)：

一头大牛水牯，一头供牲大牛。

渴水送你水喝，饿饭给你饭吃。

让你上天得到，归宫得达。

被椎莫怪我本弟子，被杀莫恼吾本师郎。

一家大小，

少命拿你去换长命，少福用你去换洪福。

日后相逢，莫在九条路头相咒。

有时相遇，莫在十条路道相骂。

日后相逢，少力帮我补起大力。

有时相遇，少气帮我补足大气……

诵完上段神辞之后，即用葫芦给牛喂水，若没喝完，便倒在牛背上，让其洗身。喂完牛水之后，便用诀咒修路交牲。交牲之后，才由舅爷队中出来两个年轻小伙子画脸抹面，执梭镖椎牛。

13. 爬葡酒达(牛角酒杯)

名称：爬葡酒达。

别名：酒格尼、酒格油。

汉名：牛角酒杯。

有关牛角酒杯，请参阅上节图片中的白牛角，在此图中，牛角酒杯与葫芦都是敬酒喂水的道具。

在椎牛祭大祖的敬九呈九献(苗语叫作"袍纠散纠茶")的仪式中，当敬到第三碗酒之后，就要"爬葡"了。"爬葡"是苗语，是向大祖神讨要金孙银儿的意

思。此时，户主身披一个乡间平时用来背小孩的背袋(苗语叫作"大奔")，手中拿着一只牛角杯，当巴代雄每诵完一段向大祖神讨要金孙银儿的神辞时，便用笤子做抱送状递给坐在一旁的户主，户主即用背上的背袋做接住状并紧抱于怀中。之后，户主用手中所拿的牛角杯接住酒师倒来的水酒，送往嘴边一饮而尽，象征着既得到了金孙银儿，又得到了财禄福气。如此讨求三番，牛角酒也要吃三杯。之后，巴代雄又去和大祖神反复讨求，分给在座的后辈舅爷、酒师肉师及巴代雄本身，每人都要用牛角杯饮酒一次，这就是"爬葡"。由此看来，大祖神、规律法则神"林豆林且"掌管人世间的生育繁衍大事，也是在自然法则之中的事，不管人们去不去求，人间男女婚配后必然繁衍后代无疑，这当然就是"林豆林且"——自然规律的具体反映。如今人们去求了，则进一步说明人间还是将"林豆林且"当作自然法则的最高神来供奉的。

　　这牛角杯也是招财进宝的法物、道具，本地施姓的巴代雄在椎猪等仪式中也是用此物敬酒的。平时，这牛角杯和给水牛喂水的葫芦一起，分别挂在巴代雄的祖坛两边，一来作为道具保管，二来作为招财进宝、旺丁纳福的象征物，以保巴代雄本家财源广进、人眷平安。

　　这牛角杯的制作流程是将牛角削光之后，用木板把大口封实并用漆粘牢，以不能漏水为宜，然后将尖角锯去一截，露出内空通口，以便灌酒。同时，在牛角外表面的弯弓中间削出一凸线，穿眼挂好，以便携带和保存。

　　用牛角和葫芦作为容器来装水、酒，是古代苗族人的做法，虽然后来改用坛、罐、瓶来装，但这种古老的做法至今仍然被巴代雄以祭祀道具的方式传承了下来，这种做法只有在巴代雄所主持的仪式中才能看到。

14. 蒙同查闹(蚩尤刀)

　　名称：蒙同查闹。
　　别名：窝同棍。
　　汉名：蚩尤刀、杀鬼刀、神刀。
　　这"蒙同查闹"与苗语"蒙能查首"是一组对仗词，其直译是大刀生水、大刀生铁，指的是由钢铁冶炼浇铸而成的大刀或长刀。巴代雄祖师传说：这大刀或长刀是由蚩尤在人间最早冶炼而成的，在当时的石刀石斧时代末期中曾是最神奇最显赫的神刀。后由蚩尤所创的巴代教将冶炼方法保存并留传给后世，故有"蒙能查首、蒙同查闹"（冶炼之铁水浇铸）之说。巴代雄用冶炼出的神刀来斩杀危害苗民的魑魅魍魉、山鬼妖魔，同时在祭祀中用来隔血咒、解纠纷、定村规、议民约、赶妖邪、护平安。比如在敬日月神"不青他力"的仪式中，用神刀来"他穷"隔血咒。血咒的意思是户主先人可能与他人发生过某种纠纷，僵持不下时，当着天地日月神的面而杀鸡或杀猫吃血赌咒，结果因为理亏而殃及儿孙，致使户主家中屡屡出现凶兆怪异，甚至染上久治不愈、良药无效的顽疾，或者久婚不孕，用尽各种方法到处求子仍然不见生育而几乎要导致绝代的苦恼烦心事情。若有以上任何一事，就要举行许敬日月神"不青他力"大愿；在顽疾痊愈或喜得贵子之后还要举行敬神仪式。此时，巴代雄就要将此神刀作为道具，当着天地日月神的面，一来刮下户主先人所赌的毒咒，让毒咒上日月柱（图青）见光并化为乌有，不再生效危害户主，这种作法苗语称为"不青"（有些地方称为"布冲"）；二来用此神刀赶杀发生在户主家中的凶兆怪异及为殃作祸的鬼怪妖邪、凶神恶煞，这种赶鬼除怪的作法苗语叫作"他力"，"他"为驱走、除掉之意，"力"是"斗妻弄力"的简称。藏匿在家中为殃作祸的鬼怪妖邪、凶神恶煞，苗语称为"斗妻吉标、弄力几竹"。所谓"他力"就是驱赶、除掉这些藏匿在家中为殃作祸的鬼怪妖邪、凶神恶煞。上面的解血咒（"不青"）和驱魔怪（"他力"），苗语合称为"不青他力"或"布冲他力"，而"不青他力"的最强大的武器或法宝就是这神刀及祈福化煞的两束长纸钱。

在隔除血咒的时候，巴代雄将神刀摆在户主堂屋中，口念隔血咒的神辞，牵引着户主从神刀上跨过去、跨回来，如此反复三次。每段神辞跨越神刀三次，据说这样做可以彻底解脱先人所赌过的毒咒，使其不再生效。

在"他力"的时候，巴代雄用神刀和两束长纸钱作为道具，一束长纸钱扛在右肩上，一束长纸钱拿在右手中，左手拿着神刀驱除户主家中的鬼怪妖邪、凶神恶煞。每念一段驱除神辞即用刀砍一次，挥刀驱除这些"斗妻弄力"，将其赶上日月柱见光并化为乌有，不再危害户主。这堂仪式共有驱除神辞十二段。驱除完后，用刀砍断日月柱，送出门外于三岔路口烧化了事。

蚩尤刀除了在巴代雄打扫屋、斩妖邪、开土地门、度亡师、打先锋等仪式中使用之外，还用于受惊吓、中邪气、突然倒地昏迷等情况：将刀捆在病人背上或压在枕头下，可缓解病情，直到痊愈。

上图中的蚩尤刀长 2.4 尺，刀把长 0.6 尺，刀刃长 1.8 尺，一般没有刀鞘。平时，将刀把上的铁圈挂在祖坛左边的墙壁钉子上。

15. 钟闭吾（系魂布竹筒）

名称：钟闭吾。

别名：告够照闭、窝竹拢明。

汉名：系魂布竹筒。

"钟闭吾"的苗名叫作"告够照闭、窝竹拢明"，译为装布条的竹筒或装系魂保安布的青竹。竹筒长 0.6 尺，比大拇指还粗些，以内空能装得下大拇指为宜；以紫竹为最佳材料。有关内容将于下节一起介绍。

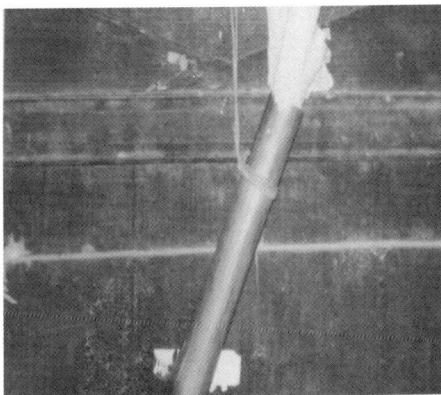

16. 闭吾（系魂保安布条）

名称：闭吾。

别名：告够照闭。

汉名：系魂保安布条、系魂布。

湘西苗族在过去的时代里，每个大家族都有一块丝绸材质的小布条，长 1.8~2.2 尺，宽 0.3~0.5 尺。这块布条平时卷成一筒，装在一个小竹筒里，竹筒口用纸钱团塞住，由巴代雄统一保管在其家的祖师神坛上。这个竹筒和这块小布条，平时不能打开、不能倒置，必须一直竖着摆放。人们怕不小心弄倒竹筒，会在竹筒的近口处用丝线或麻线系紧，挂在巴代雄祖坛内的钉子上，便能有效地保证竹筒竖立不倒。这块小布条苗语叫作"闭吾"，小竹筒叫作"钟闭吾"，二者合称为"阿途闭吾"，译成汉语为家族系魂的纽带，简称为系魂保安布条。这样的一块系魂保安布条为一个大家族所共有，一般为三五十户或几村几寨所共有（以一个大家族为单位）。这块小布条只有在巴代雄给户主家椎牛或吃猪等祭祖时才能打开，求祖神逐个地保佑户主一家人及其家族众人清吉平安。巴代雄逐个地念名道姓理直布条皱纹以示除灾，又逐个地将其福魂系入布条中。这种法事苗语称为"占闭吾"，是请祖神保佑户主清吉平安的仪式，也是苗族人团结和睦的象征和纽带。这块布条传说要经过椎三堂牛之后，才能从原家族中分出来，即从长36尺、宽2.2尺的丝绸布匹中，剪出正中的那一小块，拿来贴在原家族的那块布条上。待原家族椎过三堂牛之后，新布条才能取下、分开，新家族才能正式产生，苗语称为"几北闭吾"。这样的小布条在过去苗乡的每个家族都有，被看成是非常神圣的物件。

关于"闭吾"和"钟闭吾"，两者表面看来是一件道具、法物，但实际上是两件，它们各有各的要求，各有各的条件，是不能混为一谈的。比如"钟闭吾"，其选材的首要条件必须要求是水边所长的紫竹，由于苗族是从黄河流域有水的地方迁徙到南方乃至湘西的，为了象征老家园上游七十一个滩、下游八十二个湾的水域环境，加重加浓老家园的气息，因此要求必须是水边生长的紫竹才可以做这专门装全族人系魂保安布条的神圣竹筒。

17. 庆放比秋（大鼎）
18. 矮果告纵（大罐）

名称：庆放比秋、矮果告纵。

别名：窝叫、告矮。

汉名：大鼎、大罐。

大鼎与大罐在吃猪祭奉元祖神的仪式中要摆设好，为"夯补"不可缺少的一部分。苗语"夯补"，意为尽头的窗户下的摆设道具。其中，大鼎摆在朝向地楼板安先祖神壁的"夯告"那一头，而人罐则摆在朝向堂屋"虫兵"的那一头。

在摆设之前，这大鼎和大罐先要用清水洗刷干净，内外都要清洁。摆设时，一边一个，按位置摆好，先摆大鼎，后摆大罐，不能次序颠倒、本末倒置。一旦摆好之后，不能再动，一直要到整堂仪式完毕、巴代雄用神咒撤除之后才能移动，否则将被视为犯了规条而祭祀不灵。

在上熟供的时候，大鼎与大罐之内都要先倒上酒，然后才在口上横架一根篾条，摆上五花肉串，再于大鼎口上摆一块猪头下盖、大罐口上摆一块后腰尾子肉，意为供猪的头在鼎、尾在罐、内脏在中间，表现了古代苗民敬祖供神的先后顺序。

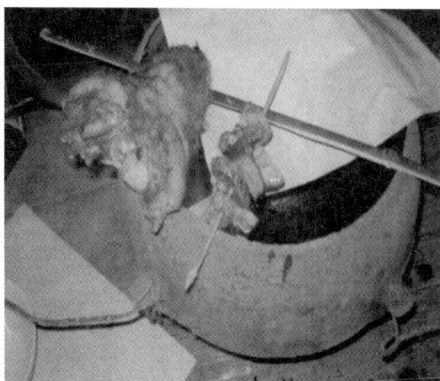

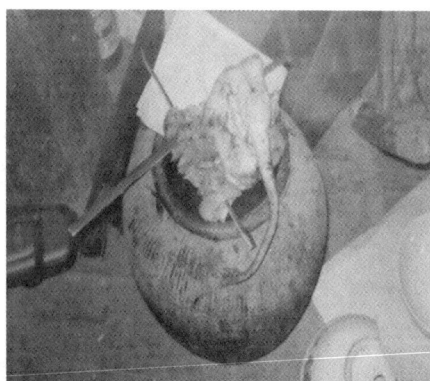

这大鼎和大罐，从表面上看好像只是两件供具，实际上它们是苗族认同的人类先祖的象征物。在天地形成、人类起源的古老话中，有"阿剖缪晚、阿也缪叫"的说法，即人类的造化神"阿剖达毕、阿也达变"（阴阳神）生养出"阿剖透胎、阿也透泰"（胎生神），然后才生养出"阿剖缪晚、阿也缪叫"。如今古人已经无存，其名犹在，后人便用这大鼎和大罐来代替先祖了。于是，这大鼎和大罐便与前面所述的蚩尤铃、系魂保安布条一样，自然而然地成了巴代雄在祭祀中不可缺少的道具器物。

　　前人曾有过铸鼎记事立法的做法，史书上所载的大鼎用铜浇铸，为方鼎，而苗族先祖的大鼎则是用生铁水浇铸，为圆鼎，材质与形状虽然不同，但其意义基本相似。（下图为 2013 年正月初八日在花垣县卧大召村杨柳塘举行的椎牛祭大祖时祭坛中所摆的大鼎。）

19. 单秋欧尼（敬祖神绸）

名称：单秋欧尼。

别名：欧尼欧纵、提单。

汉名：敬祖神绸、神布衣。

"单秋欧尼"本来就是两种物件，"单秋"指女人穿在下身的花裙，而"欧尼"是椎牛的时候坐在祭坛陪神的人员所穿的古装衣服。苗语"单秋欧尼"意为在吃猪仪式中用来盖住地楼板上神坛祖屋的一件女人衣或一件古式绸缎裙。也有坛班只用一块绸缎盖在上面（如上图将绸缎盖在一只放倒的靠背椅上面）。

苗族女人古式花裙制作工艺比较特别，一件花裙多达七十七褶或八十八褶，每褶都绣有花草龙凤，所用的线五颜六色，十分华丽。

在吃猪仪式中要在户主家的地楼板上摆设祖神坛（"夯补"）。在古代是要舅爷舅娘一男一女坐于祖神坛后代替祖神接受供奉，到了近代则改为在祖神坛上盖一件花裙再加上一件花衣来代替活人，到如今则改用一块绸缎布来代替，可见越改越简化了。但不管怎样改，其仍然带有母系社会的遗风，那就是尊重女性。在苗族地区，祖神名号女性排先，在人际交往中称呼女性在先，在摆设祖神坛上盖上花裙及女人衣等，接龙时龙堂中摆上花衣花裤、金银首饰，都是尊重女性的具体表现。

吃猪祭元祖神的时候设有两处神坛。在地楼板上放倒一靠背椅，盖上"单秋欧尼"女人衣物的那一坛，所供的是母系社会时期的祖先神"内浪单明、浓浪秋补"，即女人花裙、男人陪伴神（以女人为主体）；而摆在堂屋上地楼板一角的那一坛，则供奉的是世间及人类基因元素神"拔浪祝林、浓浪祝共"，即最古的女、最老的男（阴阳元祖神）。从户主家的大门进屋，其第一站便是堂屋，供奉的是阴阳元祖神；第二站是地楼板（"比纵"），供奉的是母系社会时期的女祖（主）神、男陪（副）神；第三站是火炉后面之中柱下方（"夯告"），供奉的是户主本家祖神。从这排列顺序便可看出从阴阳元祖神到母系女祖神再到户主本家祖神这三者由远到近、由堂屋到地楼板再到火炉后面这条十分明显的进化或发展路线的足迹。

这里所说的"单秋欧尼"便是中间一站的神物了。

20. 猛陇（椎牛大鼓）

名称：猛陇。

别名：窝陇尼。

汉名：椎牛大鼓。

在苗师巴代雄所主持的祭祀仪式中，规模最大、级别最高、耗资最巨、参与人员最多、时间最长的，就是椎牛祭大祖神的仪式了。正式祭祀时间古代要十五天，现在要五天四夜；供牲要一头大水牯、一头大黄牛、两头大猪、两只雄鸡等；参与人员过去是近千人，如今则有上万乃至十几万人。别的不说，光是2013年农历正月初四到初八日在花垣县董马库乡卧大召村杨柳塘所举行的"巴代文化艺术节"中的椎牛大典，就有近十万人参与观看，场面之大前所未有。因此，巴代雄在主持椎牛大典的时候，所用的是大号鼓，因为中号以下的鼓

根本压不住场子。椎牛大鼓苗语称为"窝陇尼"，是专门用来椎牛的法器之一。关于椎牛大鼓，我们将结合下面一节的椎牛大锣一起来讲。

21. 猛炯（椎牛大锣）

名称：猛炯。

别名：窝炯尼。

汉名：椎牛大锣、牛锣。

椎牛大锣与椎牛大鼓一样，用的是大号铜锣。不管是鼓还是锣，都是如今最大型号的，这样才能压得住场子。

苗族人家里若举行仪式，在客人没来之前，这大锣与大鼓就已经摆好在主人家的大门外边了，大鼓用蓑衣垫着摆，大锣则用绳索吊起在屋檐的翘首木下。同时，巴代还会事先请来剪纸神，剪好两束很长的长纸钱插在这大锣和大鼓后面的壁头上，叫作"盖锣纸和盖鼓纸"，苗语称为"猛头尼"或"头洽陇、头洽炯"。到客人们成群结队地上门祝贺的时候，火炮连天，要打大鼓大锣迎宾接客，场面极大而且热烈。放完火炮，锣鼓暂止，让主人与客人们好在大门边举行拦门对歌，歌毕客人进屋时又需再打锣鼓，直到所有客人来齐后方能休息。

还有在巴代雄敬九呈九献（"袍纠散纠茶"）的时候要打锣鼓，在送九呈九献（"送纠散纠茶"）的时候也要打锣鼓，在巴代雄进椎牛场喂牛水（"扛吾尼"）、交牲（"送打尼"）、拜梭镖（"吉吧色"）、椎牛（"弄尼"）的时候要打大锣大鼓。因此，在苗乡，凡是大型锣鼓，不管是不是苗师科仪所用，一般都以"陇尼""炯尼"即椎牛锣、椎牛鼓来称谓的。

大锣大鼓除了在巴代雄举行椎牛、椎猪等仪式中要用之外，在巴代雄逝世时的开天门、打先锋、踩草立营、安葬上山，以及安坛、热坛、年节敬祖师等都要打大锣大鼓举行仪式。另外，客师巴代扎在所举行的上刀梯等大型仪式中也有借用苗师巴代雄的大锣大鼓的。

22. 陀锣乙苟(接龙包包锣)

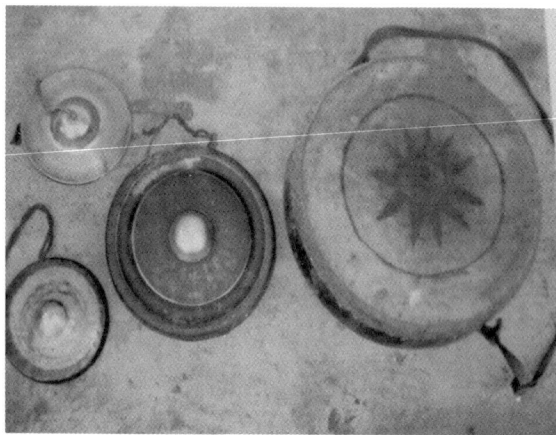

名称：陀锣乙苟。

别名：陀锣、窝炯绒。

汉名：接龙包包锣。

"陀锣乙苟、光且油公"汉译为接龙包包锣。它是苗师巴代雄在主持接龙仪式的时候所用的一组法器之一。这组法器是巴代雄的基本法器之一，共有四件，即小鼓、包包锣、勾锣和铜钹。在接龙当天上午，巴代雄在户主家的堂屋里布置好的富丽堂皇的龙堂前烧起蜂蜡糠香，敲竹柝、摇金铃、诵请龙神辞，之后交供猪让厨官刀手宰杀，然后准备好刀头酒礼、龙粑米粮、香蜡纸草，还要打扮几个年轻姑娘和小伙子，他们着新衣新帕，穿金戴银，打着花伞，去村寨东边的水井或湖泊溪河迎请龙公龙母、龙娘龙爷、龙子龙孙来户主家里。到了水边，一行人站定，由巴代雄敲响碗做伴奏吟诵迎龙神辞，然后撒米到水中，打答接龙。得答之后，请龙神上轿，放鞭炮，一行人便吹起长号唢呐，打包包锣，配合小鼓及铜钹，一路热热闹闹地回到户主家里。到了门外，还要对答接龙进屋的吉祥话语，之后便向前来看热闹的村民撒龙粑，接龙进门仪式才算完成。

23. 松拿那巴（唢呐长号）

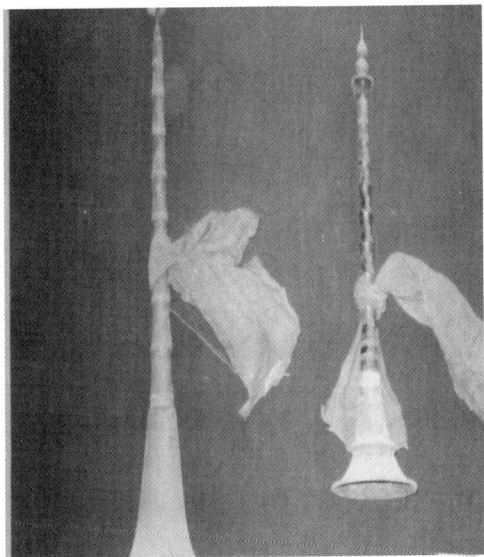

名称：松拿那巴。

别名：那巴乙公。

汉名：唢呐长号。

"松拿那巴"是苗语对唢呐、长号的称谓。上图中的长号没有拍全。苗区内常见的长号，苗语叫作"那巴"。长号是一把很长的铜号，一般都是一对，由二人同时吹。在迎龙回家的队伍中，往往都是长号手走在先，二人并排吹号，不时边走边吹。这长号没有曲谱，只能吹出"嚎嚎嚎"的声音。唢呐则跟随在长号后面，也是一对，有曲谱。苗区唢呐多是吹长把伞式，不换气地吹，唢呐手吹整首曲子，只能暗暗换气而唢呐声不能断。苗区唢呐曲牌有几十套，如《迎宾曲》《路道曲》《上花轿》《百鸟闹春》《福禄寿喜》《阳雀洗澡》《钩链当》《踩新桥》《抱孙子》等。这里所介绍的"松拿那巴"即唢呐、长号，它们是苗师巴代雄在主持接龙仪式时不可缺少的法器。

24. 光光且(接龙铜钹)

名称：光光且。

别名：光洽、光光洽。

汉名：接龙铜钹、大钹。

铜钹一般以两副为一组，可分为头钹和二钹(二钹请参阅本书苗师部分第22节的图)。接龙铜钹一般使用大钹，也就是头钹。大钹是巴代雄在接龙的头天晚上小请龙神的时候在主家龙堂前吟诵神辞中伴奏用的，此时只用一支筷子敲击大钹边沿，到第二天晚上安龙时才用整副大钹敲击。

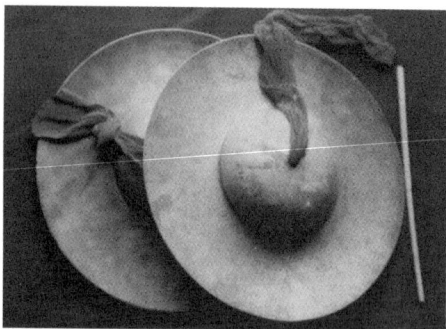

25. 标先(祖坛神灯)

名称：标先。

别名：标明。

汉名：祖坛神灯、清油灯。

"标先"是苗师巴代雄祖师坛专用的清油灯，农历每月十五晚上及出坛、回坛、年节时都要点灯供奉祖师。此灯一旦点燃，是不能被人吹熄灭的，除非被风吹熄或油尽自灭。

26. 包这炯绒(敲碗请龙)

名称：包这炯绒。

别名：考达炯绒、考这炯潮。

汉名：敲碗请龙。

巴代雄在主持接龙仪式的小请龙神（"年绒"）、水边接龙（"流吾炯绒"）及安龙（"安绒"）时，要用一根竹筷敲碗做伴奏来吟诵神辞，因而此响碗也是巴代雄在主持接龙仪式时不可缺少的法器之一。

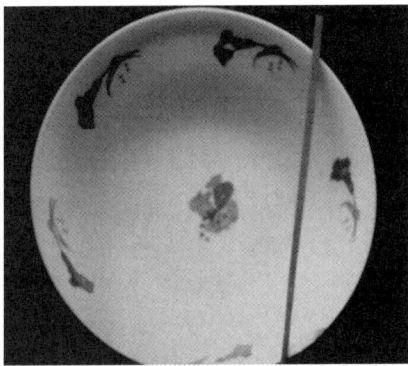

27. 草把浓(草把神)

名称：草把浓。

别名：得内浓、得棍草把。

汉名：草把神、问事草把。

"草把浓"是巴代雄用来卜问事情的吉凶祸福、得失好坏所常用的道具之一。比如村中有人得了病，在良药无效、久治不愈的情况下，人们就会请巴代雄到家里来举行草把仙人问病情的仪式；有人家里丢失财物或者牛羊猪狗，在多方寻找仍未获得的情况下，也会请巴代雄到家里来举行草把仙人问丢失财物或畜生可否得回以及物在何处的仪式；如有是非、官讼、寻人、求婚、求子等，乡间也会有请草把仙人问事的习俗。

具体的操作流程如下。

先将一把稻草分成两份，互倒头尾之后捏成一把搓紧，在中间位置分为两股以搓成左右两腿，再搓一根小绳安于稍上端位置并捆住，以小绳的左右两头作为两臂两手，一个草把人便基本扎成了。再用一碗米或一方升米摆在地楼板上火炉边，插三炷燃香，再插上几元零钱做利是。然后于旁边摆一沓约二指厚的纸钱、一碗茶水。如果没有茶叶，乡间过去多用桃树叶或桃树细枝丫制成茶叶，再泡上开水即成茶水，这种桃叶水或桃丫水苗语称为"格瓜"，本地苗乡以前敬祖时多以此为茶水。

摆设好了之后，巴代雄便坐于坛前，面对香米（祖先神壁的一边），先请祖师，再请草把神。在请到第三次草把神的时候，巴代雄双手拿住草把人的两腿，将草把熏于香烟上，草把便开始抖动起来，说明草把神已经来了。然后巴代雄用神辞向草把神讲明所要问的事情，再指示草把神去问本家的门神、祖先及当地的村宗寨祖（当坊土地）神，之后便可直接问事了。

所问的每一段话，以草把神抖动时头部敲击到地面为准。完后要草把神数那沓纸钱来验证以上所问的事情结果是否属实。那沓约两指厚的纸钱事先是没有打开的，要经草把神抖动默数之后才能由旁人打开一张一张地数，看得数是否与草把神所报的相符，若是得数相符，则说明所问之事十有八九是正确可信的。最后烧纸奠茶，送神回府。

在向草把神问失物的时候，一般在丢失的地方设坛请神。比如丢失牛羊，则在放牧的地方设坛，草把神抖动之后，一般会牵引着拿草把神的人沿着此畜生所走的道路前行，直到找到为止。

请草把神的时候，一般都是由巴代雄本人边诵神辞边拿草把人操作的，也有由巴代雄念诵神辞而由他人拿草把人操作的，但这个人必须骨骼轻，草把才能动得起来，若是其骨骼重的话，草把则动不起来，只能另换一人来拿。

28. 苟瓜（问事桃树叉）

名称：苟瓜。

别名：把苟图瓜、苟柔、苟图瓜。

汉名：问事桃树叉。

"苟瓜"即问事所用的桃树叉，是巴代雄卜问疑难之事的一种道具，其作用基本上与上节所说的请草把神问事相似，两者的差异只是所用的材料和所请的神名不同而已。

问事桃树叉是选择主枝比大拇指略粗一些、分枝粗细相同的两叉桃树枝，去掉枝叶即可（如上图）。与草把问事所请的草把仙师、草把仙人不同的是，问事桃树叉所请的是桃枝仙师、桃木仙人。具体情节可参阅上节的草把问事的有关内容。

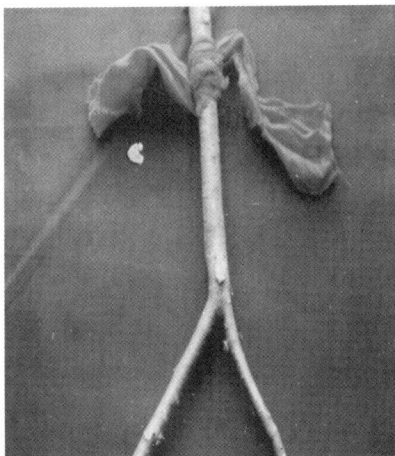

29. 录就（芭蕉叶）

名称：录就。

别名：窝休温、窝录吉爬酒。

汉名：芭蕉叶、净坛。

"录就"是巴代雄在祭祀中用来铺垫香蜡纸钱等物及糍粑米酒等供品的道具之一。在椎牛大典的祭祀中，先要用芭蕉叶铺在祭坛上，然后才能摆上香蜡纸钱等物，此种作法苗语叫作"几告录就"，即铺芭蕉叶洁净供坛。在讲椎牛原根古老话的时候，要将此芭蕉叶铺垫在一个小木架上，再摆一坛糯米饭甜酒，然后将此小木架吊在从堂屋走上地楼板的小门上方的穿枋木上，巴

代雄边讲古老话边不时摇动此小木架，象征着老家园的先祖们随此酒饭一路同其子孙迁徙而来。从这种做法中，我们可以窥视到苗族的先祖们在远古时期以树叶当碗、以芭蕉叶当桌、以小木架当桥当船筏，以及生活环境、习惯、方式等场景。虽然相隔千年万年，但通过这些活化石，我们感觉到就像发生在眼前一样。

30. 地庆（地炮）

名称：地庆。

别名：炮首、炮闹。

汉名：地炮。

"地庆"是巴代雄在祭祀中的一种法器（响器）。在举行大场面的祭祀如椎牛、度亡师等的时候，由于场面很大或特别大，在进行到隆重礼节性的仪式时就要放地炮，以造成震天动地、地抖山摇的热烈气氛。比如在给大祖神送酒的时候、在交牲送水牛的时候、在迎宾接客展演拦门礼节的时候，就要放三连九炮，这样才能压得住场子，在人们的心目中留下又重又深的烙印，达到祭神如神在的效果。

31. 中昂(隔死神竹筒)
32. 香吾(隔死神菖蒲叶)
33. 昂岭(布条神符)

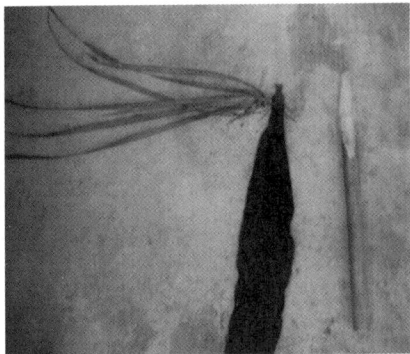

名称：中昂、香吾、昂岭。

别名：中拢昂、中兵昂、提符。

汉名：隔死神竹筒、隔死神菖蒲叶、布条神符。

以上这一组共三种作为巴代雄道具，是专门在招引新亡者魂魄加入祖籍的仪式中使用，具体为：①"中昂"，指上图左之竹筒。这个竹筒是扁口的，不像本书苗师部分第15节中所介绍的竹筒，之前的竹筒是平口并且是紫竹制成的，内装一族人的系魂保安布条，是好事的竹筒。而本节的小竹筒是扁口的，内装专门隔除死神的法水，这是白事，用过之后就要劈破毁掉。②"香吾"，指菖蒲。在本地苗民的传统观念中，菖蒲有隔邪除瘟的效用，比如农历端午节，家家户户在大门外两边各挂一束菖蒲和艾叶，以避瘟疫邪气。本节所介绍之菖蒲是专门用来驱除死神的。传统观念认为，家中之所以死人，是因为有很多的灾星恶煞侵入家中，这些灾星恶煞被统称为死神（当然也包括无常取命鬼在内）。如今亡者被害死了，恐其还会继续为殃作祸、兴灾作难，就要用菖蒲水去驱除它们，因而菖蒲也就成了巴代雄的道具之一。隔除死神所用的菖蒲因为是用在白事上，所以专门扯那顺着水流或向水生长的菖蒲；

而平时用来隔邪除瘟的，则要专扯那些背水生长的菖蒲。③"昂岭"，指的是一块长方形的小布条。在本书苗师部分第 2 节中我们介绍了小布条在苗家习俗和信仰中的用途和地位，而本节所介绍的小布条与菖蒲一样，是专门用来隔除死神的。巴代将它绑挂在菖蒲叶根部，仪式完毕后将菖蒲根插在丧家大门上方的板壁缝里，此小布条便被悬挂，如同人们悬挂神符一样，隔除死神灾煞不许入门。

巴代雄所主持的招新亡魂入祖籍的仪式，苗语叫作"土昂"。本地苗家习俗，凡是家中死了人之后，在安葬上山的当天晚上，要请巴代雄来家里主持找新亡魂回家安奉并入祖籍的仪式。苗家认为如果不将其魂魄找回来，其魂魄会飘飘荡荡无处依附，甚至会堕入恶道投生做畜生或饿鬼，或者堕入十八重地狱受罪，因此，要请巴代雄让其祖师们去找新亡者的魂魄，并及时地找回来。传说家祖最怕哭丧的声音，在苗家除了死人，不管遇到多大的灾难祸事，都不能有哭丧声，一旦有了这种声音，家祖都会逃出家，躲得远远的。传统观念还认为：本家祖先神是专门保佑一家人清吉平安的，在家人运势低落的时段，这些家祖抵挡不了死神，便逃出了家门。如今家中死了人，坏事了，家祖们早已躲逃在外了。因此，在招引新亡者魂魄回家的同时，也要把本家祖先们请回来一起安奉在火炉边的中柱神壁（"夯告"）中，以免新旧祖神受苦受罪。苗族人认为这样做了之后才能放心落肠、心安理得，才会换来今后的万事顺意、大吉大利。

仪式中，丧家的孝男孝女、孝子孝孙及本族内的叔伯兄弟都要聚集在一起，在大门内一侧设坛，请师寻找新亡者的三魂七魄，以及请本家历代祖先神一起回来，敬以酒肉饭菜，并用扁口竹筒装水念咒，用布条绑在菖蒲叶根部，将菖蒲根在竹筒内沾水后满屋挥洒，驱赶隔除死神或送出门外，然后劈破竹筒，并将菖蒲叶连布条一起插在大门上方，象征祖先神把守住大门，不让邪魔妖鬼入门作祟。

34. 咒滚咒乔（装福气的竹篓子）

名称：咒滚咒乔。
别名：牛内咒滚、牛洞咒乔。
汉名：装福气的竹篓子。

"咒滚咒乔"是苗语对装福气的竹篓子(鱼篓)的称谓，简称"窝咒"。

苗家过去在发丧出殡之前，唯恐家中的谷神米神、财神福神随丧而去，担心家里的福禄寿喜跑掉，于是就请巴代雄来做留财留福的仪式。这鱼篓平时用来装鱼，可在这特殊的情况下，被巴代雄用诀法神咒化作专门用来装金银财宝、福禄寿喜的金仓银库。通过仪式，把丧家的谷神米神、福神财神、喜神禄神、丁神寿神召集聚拢，装在这"咒滚咒乔"之内，然后用一根白帕子套在鱼篓的颈项处，捆绑在丧家的中柱或二柱上(死男性的，绑在中柱上；死女性的，绑在二柱上)，这样才有"牛内咒滚、牛洞咒乔"之说。这样做之后才能发丧出殡，在把棺木抬出大门之时，家中的福禄寿喜才不会随丧跑掉。有关仪式流程请参阅第35节"钩竹"的有关内容。

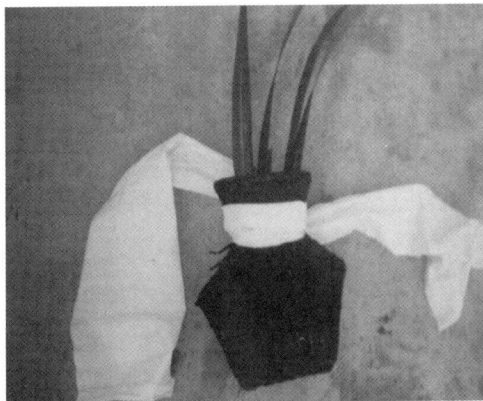

35. 钩竹(留福钩祸刀)

名称：钩竹。

别名：巴钩木、窝木。

汉名：留福钩祸刀。

"钩竹"是接上节仪式的内容，其具体做法是，在出丧之前，先找来一个鱼篓，一把长把(加长把子)的镰刀，镰刀把挂一束长纸钱、一个干葫芦等物，巴代雄手拿镰刀在前，边

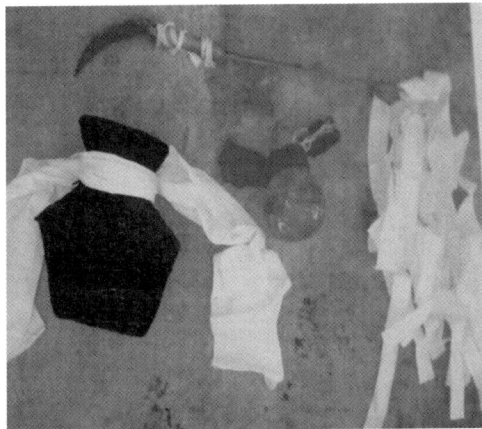

念留福神辞边对棺木做钩状，孝子披麻戴孝手拿鱼篓在后做接入状，二人围着棺木以逆时针方向慢慢地钩三圈后，巴代将鱼篓用白帕子绑在中柱或二柱上，孝子退去一边。然后由丧家的舅爷或舅俵拿一未烧过的火把在前，巴代雄手拿镰刀在后，二人围着棺木以顺时针方向边绕边钩三圈，意为把丧家的所有三灾八难、凶神恶煞钩出门外，随丧出去，不再回头。再将镰刀对大门上方钩三下，表示灾煞祸害从此只许出不许进。之后二人走出门外，屋内才可以发丧出殡。出殡后，舅爷手拿点燃的火把在前引路，抬丧队伍在后跟着，一路直到墓地才丢弃火把。

36. 窝刷爬（赶鬼条）

名称：窝刷爬。

别名：刷拢棍、窝刷便拢。

汉名：赶鬼条。

"窝刷爬"作为一种道具，用在苗师巴代雄去世时，为了让其灵魂升天、不被阴间的猪羊牛等畜禽冤魂拦截干扰所举行的开天门仪式中。因为巴代雄一生在其坛头香火、各村寨信士人家举行过无数堂祭祀仪式，其所杀的畜禽不计其数。他在生的时候，这些被宰杀的冤魂无可奈何，到其死时，这些冤魂便会成群结队地前来索命，围追堵截进行报复。此时，他的弟子们便要作法保护他的三魂七魄安全升天。在为他开天门的时候，这抽打畜禽的赶鬼条便是首要的道具了。在此后的绕棺打先锋、踩草立营、安葬上山等仪式中，这"窝刷爬"始终都是重要的道具。

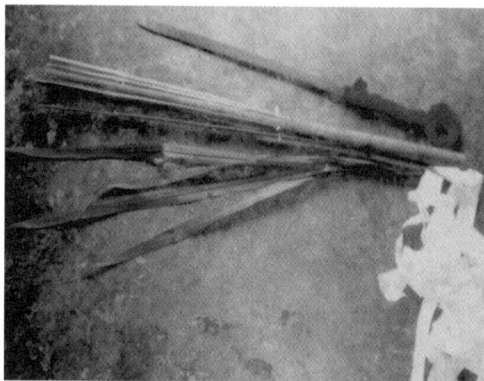

37. 图牛尼（椎牛花柱）

名称：图牛尼。

别名：图弄尼、牛崩牛睡。

汉名：椎牛花柱。

"图牛尼"是巴代雄在主持椎牛祭大祖神仪式中用来拴水牛的一根柱子。在正式椎牛的当天早上，要在主家门前的坪场中间竖起一根用来拴捆水牛的花柱子，这根柱子叫"牛崩牛睡、牛仇牛大"，译为椎牛花柱，简称牛柱。在上山选制作牛柱木料的时候，要虔诚无杂念，不讲脏话、不讲丑话、不讲不吉利的话。最好选用又大又直的杉树，因为这种树发得非常好，往往一个树桩能发出十几棵小树出来，用这种木料象征着户主将来发达兴旺。砍树之前，要在树下焚香烧纸，敬奉福禄财神。要扫除障碍物，使树倒在平地，平平安安。树要倒向东方，迎着旭日，欣欣向荣。从倒下直到削制完成，始终不能有人从其上面跨过。牛柱以 1 丈 6 尺 8 寸为宜，栽进土中 4 尺后，尚有 1 丈 2 尺 8 寸的出土高度。牛柱的顶为圆形，象征着天，因为古代有天圆地方之说；其下紧接着的是三层塔旋，象征着古代之三苗；再往下就是长 1.2 尺的四方形状，象征着大地（即天圆地方）以及一年四季十二月；再往下就是倒扣着的大七层，象征着吴龙廖石麻施梁七姓苗民；中间为一大圆球，象征着全球；再往下为大九层塔状，象征着九黎苗族。上图中的这根牛柱是凤凰县三江一户人家保存了 157 年的老柱子，并非现代制作的牛柱，我们去采访时主人才从屋梁上取下并竖于门前让我们拍照。在这根一百多岁的牛柱上，我们可以窥视到东部方言区

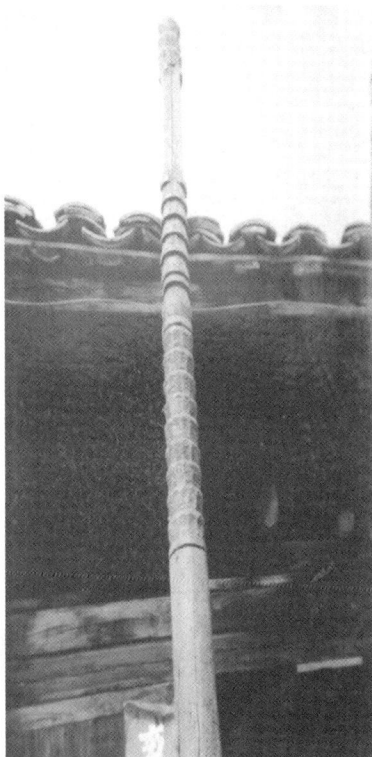

的苗族人心灵世界中的天地概念及民族观念。椎牛的柱子不能提前一晚栽，要防止栽早了被人动手脚而影响安全，要在当天清早才能栽。栽柱子时一定要栽稳栽牢，其流程是在坪场中间打一个深 4 尺左右的土眼，不能挖大，以能取出土渣为宜；然后将已套上拴牛篾圈的牛柱栽进土眼中，一层一层地填上土渣并夯紧夯实；填平地面后，再削四五块尖木桩围绕牛柱打进去，这样，本来已经夯实的土渣受到尖木桩的挤压，能够更紧实更牢固。这样做才能使牛奔而牛柱不动。

38. 欧背巧(布条衣)
39. 帽高背巧(布条帽)

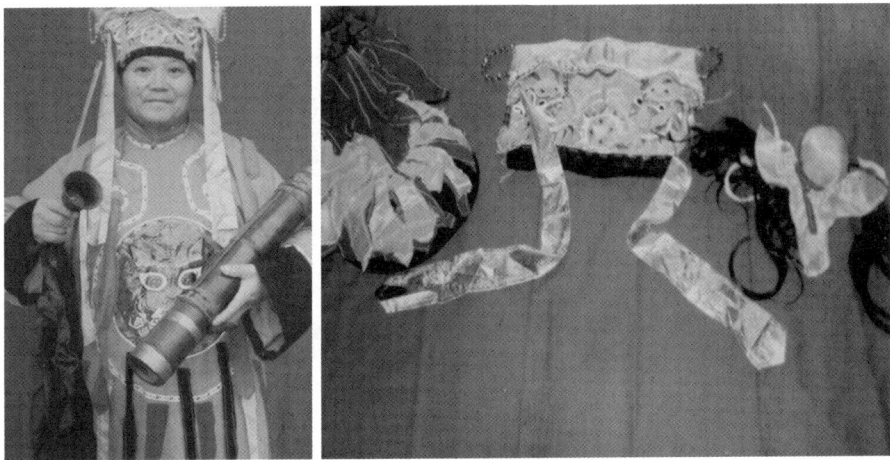

名称：欧背巧、帽高背巧。
别名：欧巴代雄、帽高巴代雄。
汉名：布条衣、布条帽、苗师帽、马尾帽。
"欧背巧"和"帽高背巧"是苗师巴代雄在祭祀仪式中常穿戴的法服冠帽之一。布条衣为紫色，前后皆有布条悬挂；布条帽也是紫色，前面绣有二龙抢宝，后面绣有双凤朝阳，前后同样有布条悬挂。详细内容请参阅本书苗师部分第2节"祖坛神布条"的有关介绍。

40. 便卡(招魂竹筒)

名称：便卡。
别名：熊土昂
汉名：招魂竹筒、招魂信筒。

"便卡"是苗师巴代雄在举行"土昂"仪式时所使用的一种作为伴奏的法器和道具。其外形似竹柝，但比竹柝小得多，其声音也不响亮，只是发出喳喳的声音。制作时，找一根小竹或一截尾竹，用镰刀尖削出一根小篾条，用两个小卡子扣紧两边；再将竹节的两头各削去大半，将剩余的部分放于火焰上烤软，掰弯做脚。用时插在丧家大门内一边的地面上即可。传说要敲击此"便卡"吟诵招亡魂神辞，亡魂才能听得到。"便卡"在仪式完毕后要毁掉烧化。

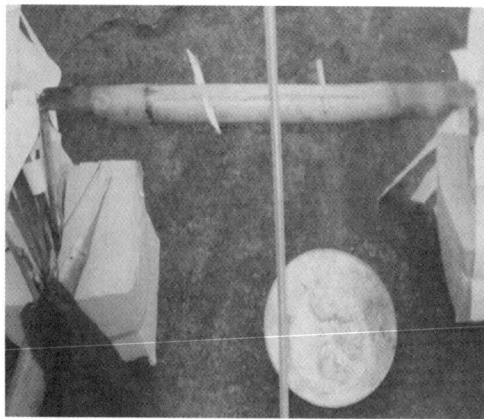

41. 板考窝香(烧香耧锄)

名称：板考窝香。
别名：板考哈。
汉名：烧香耧锄。
"板考窝香"是巴代雄在主持招新亡魂入祖籍("洗相土昂")的仪式中用来烧蜂蜡糠香的一种道具，苗语称为"意记送斗、首能闹考达告竹鲁、依达穷炯、首能闹考达告竹嘴"，意思是"烧在耧锄板上的蜂蜡糠香，燃在铁锄面上的蜂蜡糠烟"。与上节所介绍的"便卡"一样，传说要敲击"便卡"，燃烧耧锄板上的蜂蜡糠香和铁锄面上的蜂蜡糠烟，吟诵招亡魂神辞，亡魂才能听得到，才能找得到。这铁锄在仪式完毕之后由巴代雄带走回坛。

42. 图头琶(楠木枝叶)
43. 窝刷琶(许椎猪愿标志物)

名称：图头琶、窝刷琶。

别名：图头棍、几八琶。

汉名：楠木枝叶、许椎猪愿标志物。

本地区内苗族的施姓所举行的吃猪仪式，不同于其他吴、龙、缪、石、麻等姓的吃猪仪式，他们不是吃棒打猪，而是将猪捆在门外坪场的柱子上，用梭镖将猪椎死后上供给元祖神。与其他各姓的椎牛一样，这是施姓较高级别的祭祀。

在许椎猪大愿的时候，先要把竹子破开尾端，再用篾条编成竹耙状，便成"窝刷琶"，即许椎猪愿标志物。经过许愿仪式之后，将这许椎猪愿标志物插在朝地楼板"夯告"一头的圆柱上。到椎猪还愿时，再将其取下削成竹签来穿串五花肉上供给元祖神。

椎猪仪式共要进行三天。在石启贵所收集出版的《民国时期湘西苗族调查实录·椎猪卷》第4页中有"如巴代不敲竹柝，不摇铜铃，只摇楠木叶'图头琶'，用牛角敬酒……"这似乎亦是一种比椎牛还原始和古老的祭祀仪式，其神辞难以听懂。在椎猪仪式中，巴代雄所用的特殊道具之一便是"图头琶"。椎猪当日早餐后，一位巴代雄立于门外，身背背篓(篓内装有衣裙鞋袜等物），手执木杖，吟诵椎猪根源。另一位巴代雄则身披花被面，右手执长刀一把，左手执"图头琶"，站立于桌上，摇动枝叶以敬神。

44. 巴代乜纵棍（古苗师坛）
45. 巴代炯纵棍（古苗虎神坛）

名称：巴代乜纵棍、巴代炯纵棍。
别名：纵雄、纵乜。
汉名：古苗师坛、古苗虎神坛。
巴代乜也是巴代雄的一种，多半在生苗区才有。巴代乜虽属苗师，但其神辞不多，在祭祀中多用心观意念。其神坛设在堂屋左面的一角，将一木柜摆在此处。木柜最下面一层摆有香炉，所烧的是线香，柜前的地面是烧纸钱的地方。木柜第二层是摆放香纸的地方，第三层是摆放蚩尤铃、筶子等道具的地方。木柜后壁挂有三层小布条，每层间隔三指左右，象征着祖师。木柜没有门，用一块红布盖着，只拉开一角，平时不轻易示人。

"巴代乜纵棍"显得更加神秘、单纯和古老。上图是在凤凰县柳薄乡禾排村巴代雄石庭保的哥哥家里采访时所拍的照片。其神坛设在房屋第三间的前方一房之内，靠前的窗户用砖封住。在窗户下方摆一长方形木桌，分为两层：下层摆有一个竹柝；上层即桌面上什么都没摆。在一边的砖头上摆有一只土碗，内有残留的清油渣，另一边的砖墙上悬挂着一块布条。地面上桌腿边插有一些燃尽了的香把。

当时，已 67 岁的石庭保介绍，他只会做巴代雄，不会做巴代乜，巴代乜他哥会做，可惜早已过世，并且因为"破四旧"运动，他哥没有收徒弟。巴代乜很是神奇，倘若有人因病因事来请，巴代乜可以不去信士家中举行仪式，只要信士按照其所布置，并打几斤酒、砍几斤肉送来，他所许诺的几时好病人果然几时就好，几时应事情果然几时便应，从不落空，十分灵验。巴代乜还能管老虎，村上人家若有畜生遭老虎咬，只要告诉巴代乜一声，巴代乜就能把被老虎咬死的畜生肉给退回其家门前。但是，山中老虎若找不到其他动物来吃，饿的时候，便会于黄昏时来到巴代乜家门外，用尾巴拍打板壁，这时巴代乜便要取出家中所储存的肉块或肉腿，丢到门外让老虎叼走吃掉。但有一个忌讳：到巴代乜家里千万不能讲出"老虎"一词，即苗语中的"达炯"，若有违犯，必遭恶报。

46. 周柳晚（垫锅圈）
47. 窝扛（铁三角）
48. 窝借（木甉子）
49. 柔柔白（石磨盘）
50. 打梅头（纸扎神马）
51. 窝晚缪（带耳铁锅）

周柳晚

窝扛

窝借

柔柔白

名称：周柳晚、窝扛、窝借、柔柔白、打梅头、窝晚缪。

别名：窝休晚、扛首扛闹、窝借白、窝柔白、打梅浓、晚扛。

汉名：垫锅圈、铁三角、木甑子、石磨盘、纸扎神马、带耳铁锅。

以上这组道具是专门用在椎牛祭大祖神仪式中的祭坛上的摆设物。这

打梅头、窝晚缪

祭坛摆设在户主家的堂屋当中。先将三张大桌子横着一字摆开，再将以上这些道具及其他物品一起摆在这三张大桌子上面，分为六组摆设：第一组，先将石磨盘摆在底层，在石磨盘上摆铁三角，再架上带耳铁锅，把纸扎神马的四股分别捆绑在铁锅的两个耳上就行了，马头朝向主家地楼板火炉。第二组，摆木甑子一个，内摆高粱饭、喂牛喝水的葫芦及一些糍粑坨。第三组，摆垫锅圈一个，上摆一钵糯米饭甜酒。第四组，在桌子两边各摆九个碗、九双筷子。第五组，在马头这面桌头上摆竹枥、蚩尤铃、长布条、香碗、筶子等物，在两边各摆一面筛子，一面筛子摆有粗糠、蜂蜡纸坨，另一面筛子摆有装甜酒的钵子、调羹。第六组，在祭坛上方有两根挂肉串的木棒，每根木棒挂有九串、每串穿有五片比巴掌还大的熟肉片。此是椎牛祭大祖神的主坛摆设大体情况。关于这些物件的历史根源，很值得后人下大力气去考究。

巴代道具法器苗师卷终

搜集、编著：石寿贵、法高、太玄子、慧海

附　录

1. 道具类

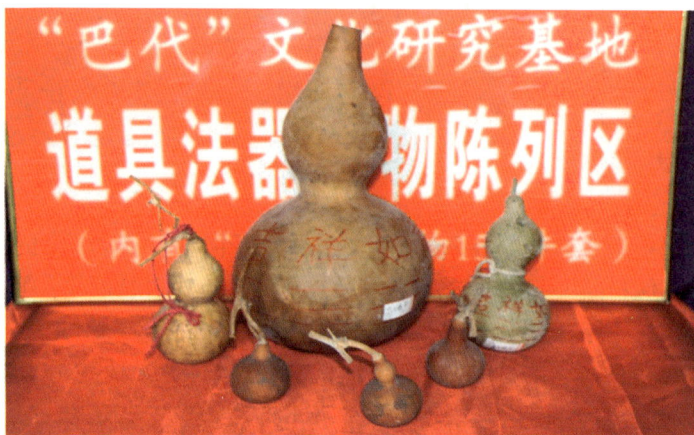

巴代道具福禄呈祥（一）

巴代道具福禄呈祥（二）

巴代道具将军背令(一)

巴代道具将军背令(二)

巴代道具接龙神现身

巴代道具接龙堂模型

巴代道具绺巾令旗

巴代道具龙马神

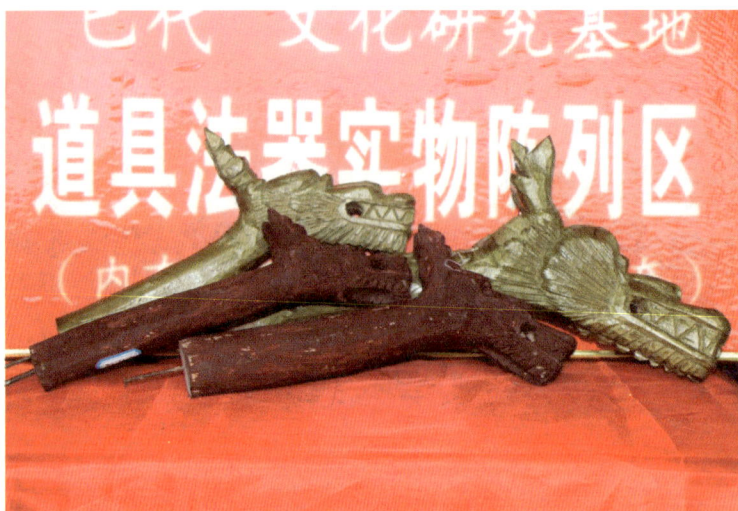

巴代道具龙头手耍

巴代道具马鞭及各种旗帜兵符布

巴代道具弩箭神马

巴代道具傩仪堂模型

巴代道具千手塔钟

巴代道具十八罗汉松

巴代道具陈列室一角（一）

巴代道具陈列室一角（二）

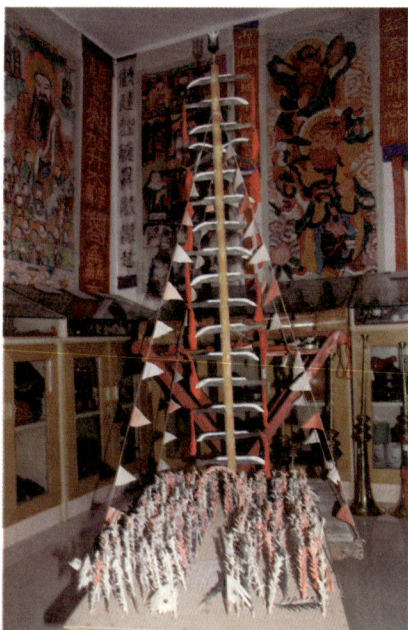

巴代道具陈列室一角（三）

巴代道具五营兵马令旗

巴代道具五营兵马旗

巴代道具概览

巴代刀剑枪道具(一)

巴代刀剑枪道具(二)

巴代道具法器

巴代刀剑枪道具（三）

巴代刀剑枪道具（四）

巴代刀剑枪道具(五)

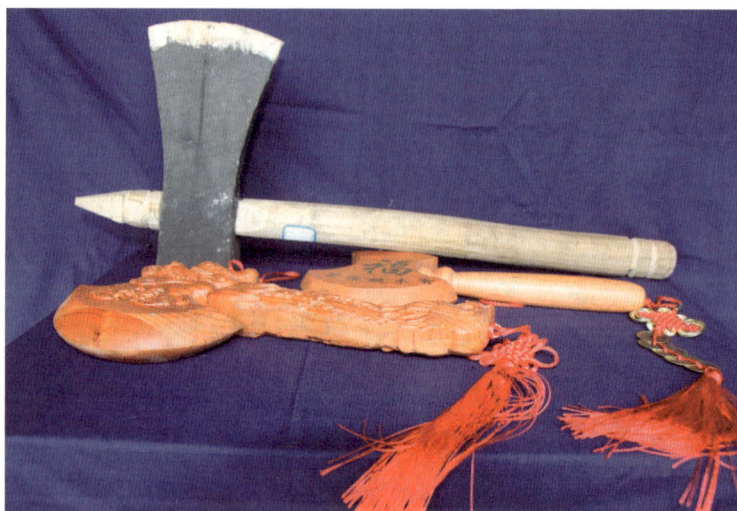

巴代刀剑枪道具(六)

巴代刀剑枪道具(七)

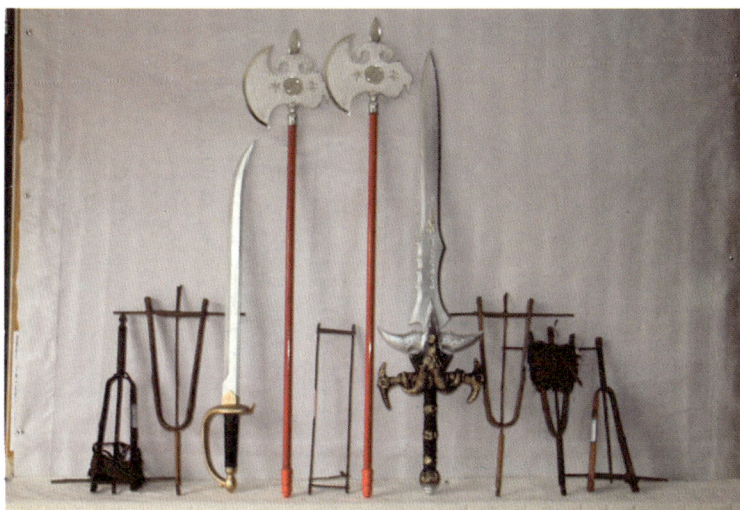

巴代刀剑枪道具(八)

巴代神杖道具（一）

巴代神杖道具（二）

巴代神杖道具(三)

巴代神杖道具(四)

2. 法(响)器类

巴代祭祀法(响)器(一)

巴代祭祀法(响)器(二)

巴代祭祀法(响)器(三)

巴代祭祀法(响)器(四)

巴代祭祀法（响）器（五）

巴代祭祀法（响）器（六）

巴代祭祀法(响)器(七)

巴代祭祀法(响)器(八)

巴代祭祀法(响)器(九)

巴代祭祀法(响)器(十)

巴代祭祀法（响）器（十一）

巴代祭祀法（响）器竹柝

3. 功曹神马类

白马功曹神

保功名马上封侯

赤马功曹神

功曹神马

经堂圣僧骑白马

4. 神像面具

巴代神像面具（一）

巴代神像面具（二）

巴代神像面具（三）

巴代神像面具（四）

巴代神像面具（五）

巴代神像面具（六）

巴代神像面具(七)

巴代神像面具(八)

巴代神像面具（九）

巴代神像面具（十）

巴代神像面具（十一）

巴代神像面具（十二）

巴代神像面具(十三)

巴代神像面具(十四)

巴代神像面具（十五）

巴代神像面具（十六）

巴代神像面具(十七)

巴代神像面具(十八)

巴代神像面具(十九)

巴代神像面具(二十)

5. 占卜筶、牌、印章类

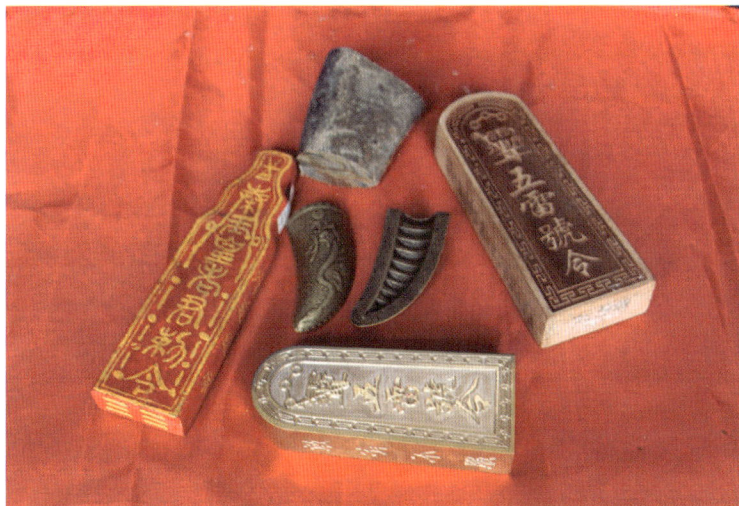

巴代各种令牌(一)

巴代各种令牌(二)

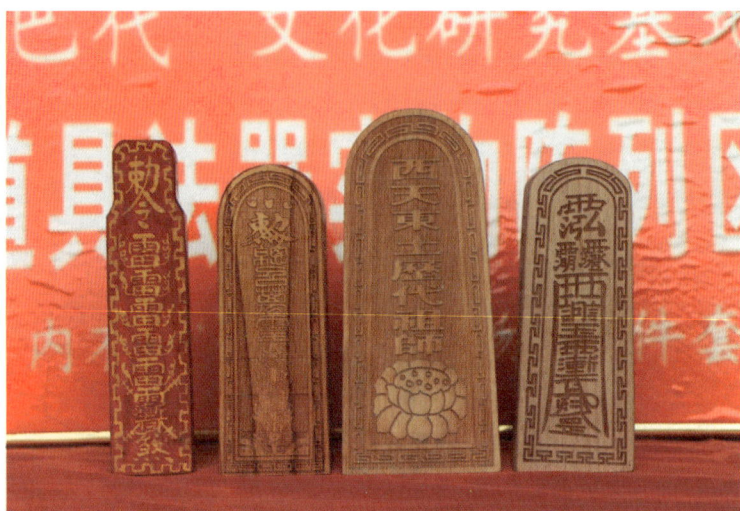

巴代各种令牌(三)

巴代各种令牌(四)

巴代各种令牌(五)

巴代各种牌筶朝笏(一)

巴代各种牌筶朝笏（二）

巴代各种神符印板（一）

巴代各种神符印板(二)

巴代各种神符印板(三)

巴代各种神符印板 (四)

巴代各种印板印章 (一)

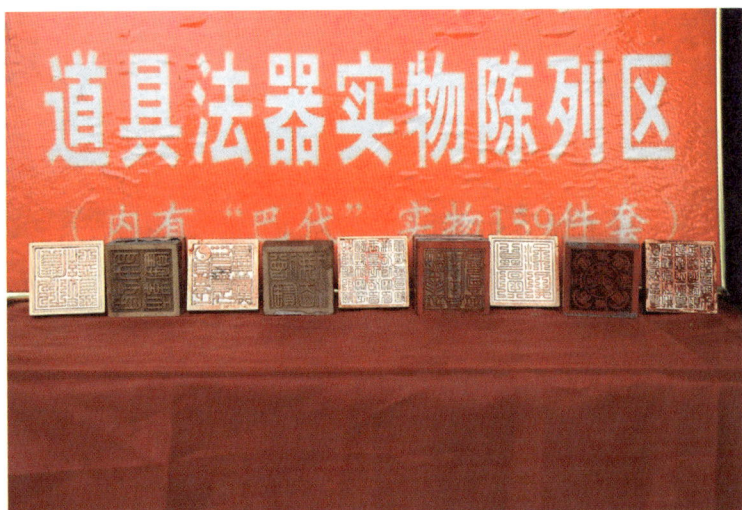

巴代各种印板印章(二)

巴代各种印板印章(三)

巴代各种印板印章（四）

巴代各种印板印章（五）

巴代各种印板印章(六)

巴代傩神牌位(一)

巴代傩神牌位(二)

巴代傩神牌位(三)

巴代傩神牌位（四）

巴代傩神牌位（五）

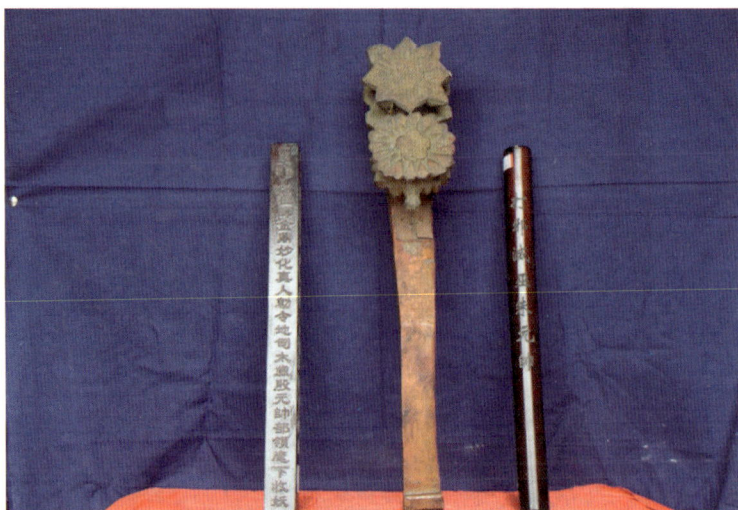

巴代各种手牌法尺

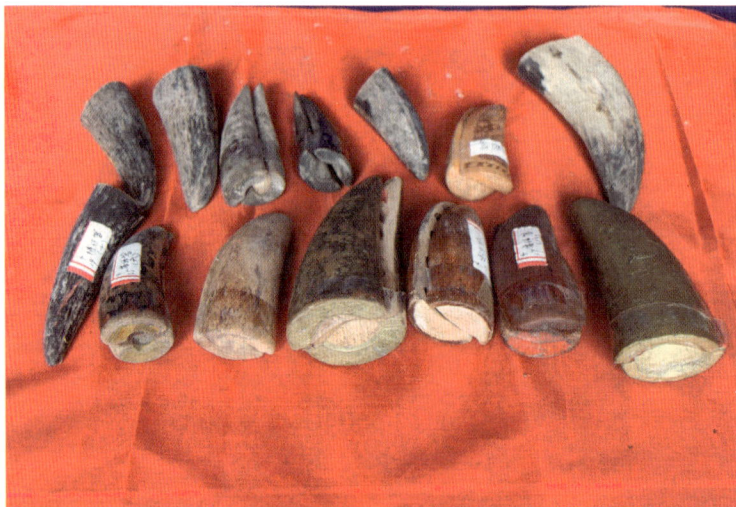

巴代占卜沟通神卦(箸)

巴代占卜神签

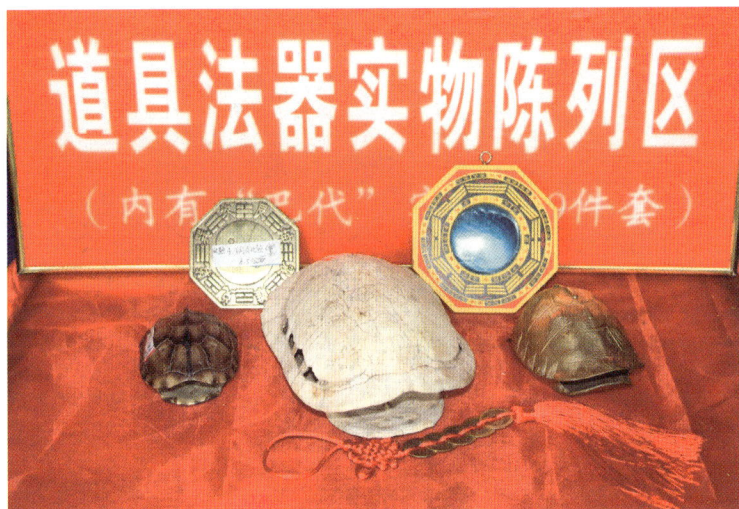

龟钱占卜

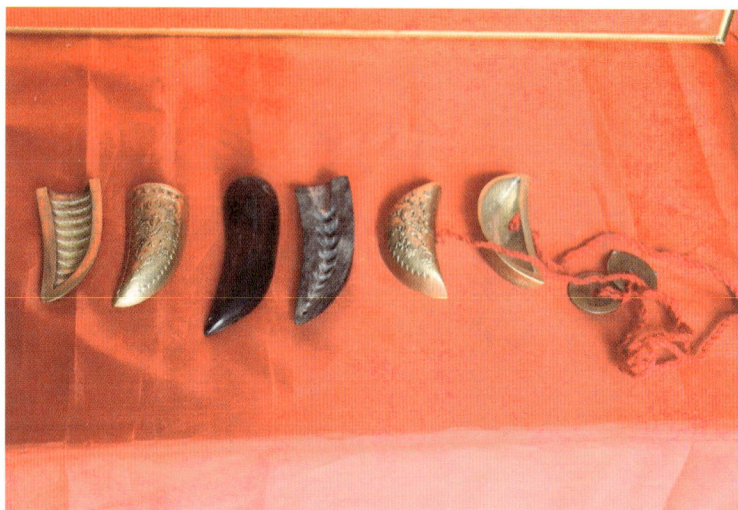

客师占卜沟通神卦（筊）

苗师占卜沟通神卦（筊）

6. 香炉类

巴代虚空香炉

白玉线香炉

边角型檀香炉

刀耕火种香炉

倒流烟香炉

顶柱型檀香炉

独脚型檀香炉和盘花型香炉

耳烛型线香炉

方鼎型檀香炉

方圆大小线香炉

佛座莲花檀香炉和小方鼎线香炉

高脚方鼎檀香炉和塔式檀香炉

瓜型檀香炉

虎脚宝盖型檀香炉

金鸡独立型檀香炉

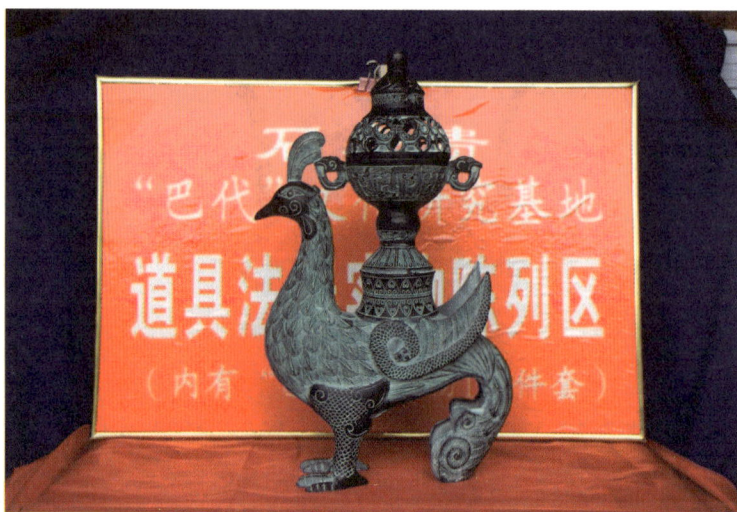

金鸡托炉型檀香炉

金玉满堂线香炉

聚宝盆式檀香炉

聚宝盆型线香炉

莲花线香炉

龙凤呈祥型檀香炉

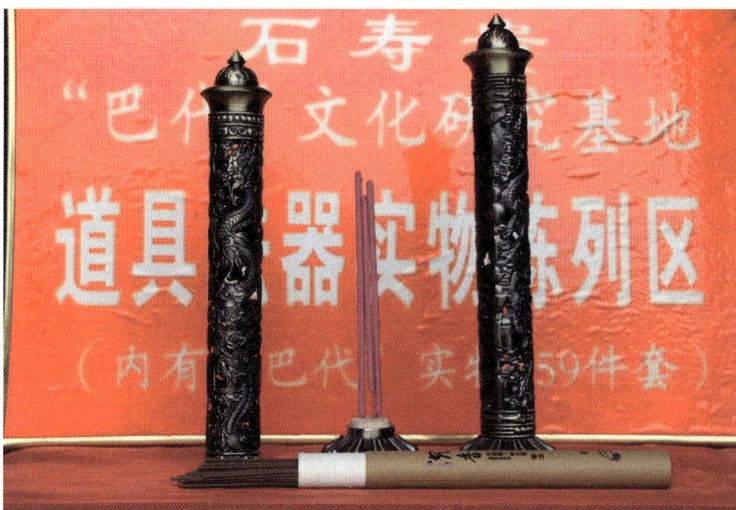

龙凤柱罩线香炉

龙头手炉

苗师蜂蜡纸团糠香阴阳香炉碗

木方升香米炉

木架桐油灯

三脚两耳圆香炉

狮头宝盖檀香炉

狮子宝盖型檀香炉

狮子脚线香炉

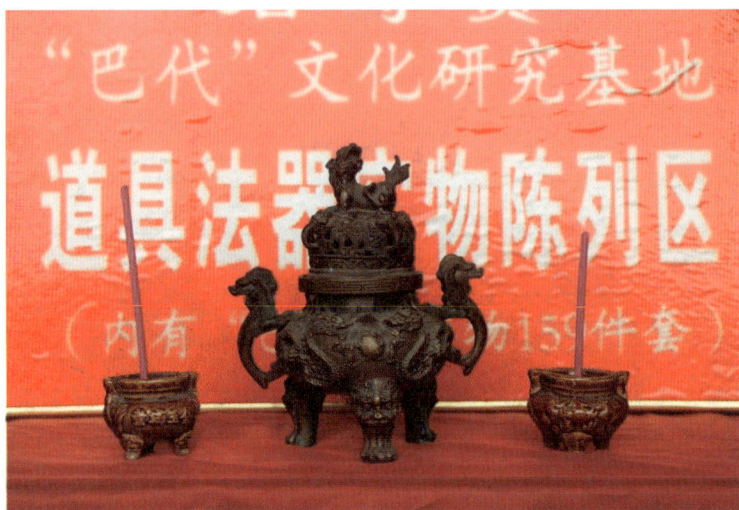

狮子望月型檀香炉

狮子啸天型檀香炉

兽面方鼎线香炉

亭盖型檀香炉

铜耳线香炉及莲花宝盖檀香炉

仙鹤型檀香炉

线香炉

小盘型线香炉

圆盘柱型檀香炉

招财进宝线香炉

猪龙线香炉

7. 供神灯烛花瓶类

巴代防风灯笼(一)

巴代防风灯笼(二)

金鸡托盏供神灯

莲花供神灯

琉璃酥油供神灯

树脂烛台

陶瓷供神花瓶

陶瓷狮子烛台

陶瓷柱盏供神灯

陶瓷柱芯供神灯

铁架烛台

铁炉烛台

铁台供神灯

桐油灯木架

铜盏柱型供神灯

铜质供神花瓶

铜质金鸡烛台架

铜质三才烛台架

铜质五方烛台架

铜质七星烛台架

铜质烛台

铜质烛台碗

8. 风水罗盘类

巴代占卜盘(一)

巴代占卜盘(二)

巴代风水罗盘(一)

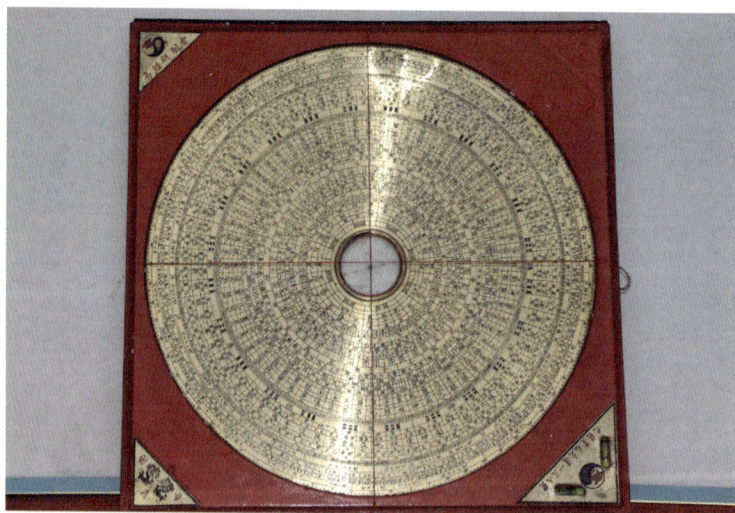

巴代风水罗盘(二)

巴代风水罗盘（三）

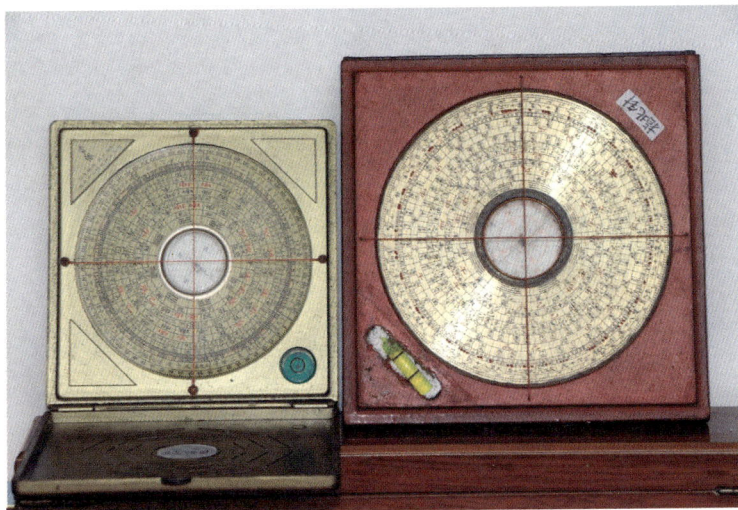

巴代风水罗盘（四）

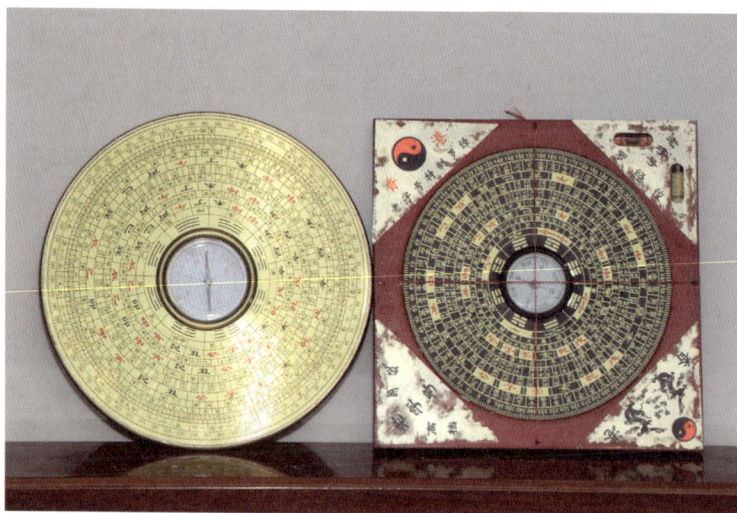

巴代风水罗盘(五)

巴代风水罗盘(六)

巴代风水罗盘(七)

巴代风水罗盘(八)

巴代风水罗盘(九)

后 记

　　笔者在本家 32 代祖传的丰厚资料的基础上，通过 50 多年来对湖南、贵州、四川、湖北、重庆等五省市及周边各地苗族巴代文化资料挖掘、搜集、整理和译注，最终完成了这套《湘西苗族民间传统文化丛书》。

　　本套丛书共 7 大类 76 本 2500 多万字及 4000 余幅仪式彩图，这在学术界可谓鸿篇巨制。如此成就的取得，除了本宗本祖、本家本人、本师本徒、本亲本眷之人力、财力、物力的投入外，还离不开政界、学术界以及其他社会各界热爱苗族文化的仁人志士的大力支持。首先，要感谢湖南省民族宗教事务委员会、湘西州政府、湘西州人大、湘西州政协、湘西州文化旅游广电局、花垣县委、花垣县民族宗教事务和旅游文化广电新闻出版局、吉首大学历史文化学院、吉首大学音乐舞蹈学院、湖南省社科联等各级领导和有关工作人员的大力支持；其次，要感谢中南大学出版社积极申报国家出版基金，使本套丛书顺利出版；再次，要感谢整套丛书的苗文录入者石国慧、石国福先生以及龙银兰、王小丽、龙春燕、石金津女士；最后，还要感谢苗族文化研究者、爱好者的大力推崇。他们的支持与鼓励，将为苗族巴代文化迈入新时代打下牢固的基础、搭建良好的平台；他们的功绩，将铭刻于苗族文化发展的里程碑，将载入史册。《湘西苗族民间传统文化丛书》会记住他们，苗族文化阵营会记住他们，苗族的文明史会记住他们，苗族的子子孙孙也会永远记住他们。

浩浩宇宙，莽莽苍穹，茫茫大地，悠悠岁月，古往今来，曾有我者，一闪而过，何失何得？我们匆匆忙忙地从苍穹走来，还将促促急急地回到碧落去，当下只不过是到人世间这个驿站小驻一下。人生虽然只是一闪而过，但我们总该为这个驿站做点什么或留点什么，瞬间的灵光，留下这一丝丝印记，那是供人们记忆的，最后还是得从容地走，而且要走得自然、安详、果断和干脆，消失得无影无踪……

编　者
2020 年 11 月

图书在版编目(CIP)数据

巴代道具法器 / 石寿贵编. —长沙：中南大学出版社，
2022.12

（湘西苗族民间传统文化丛书. 三）

ISBN 978-7-5487-4730-7

Ⅰ. ①客… Ⅱ. ①石… Ⅲ. ①苗族－原始宗教－法器
－介绍－湘西土家族苗族自治州 Ⅳ. ①B933②K281.6

中国版本图书馆 CIP 数据核字（2021）第 249245 号

巴代道具法器
BADAI DAOJU FAQI

石寿贵　编

□出 版 人	吴湘华	
□责任编辑	陈应征	
□责任印制	李月腾	
□出版发行	中南大学出版社	
	社址：长沙市麓山南路	邮编：410083
	发行科电话：0731-88876770	传真：0731-88710482
□印　　装	湖南省众鑫印务有限公司	

□开　　本	710 mm×1000 mm 1/16	□印张 17.5	□字数 311 千字
□版　　次	2022 年 12 月第 1 版	□印次 2022 年 12 月第 1 次印刷
□书　　号	ISBN 978-7-5487-4730-7		
□定　　价	188.00 元